职教教师科研工作实例操作丛书

U0743949

浙江省社科联社科普及资助项目（编号：21KPWT01ZD-1YB）

职教科研文献检索与综述实例分析

浙江省中华职业教育社 组织编写

程江平 主审　庄曼丽 主编

浙江工商大学出版社
ZHEJIANG GONGSHANG UNIVERSITY PRESS
·杭州·

图书在版编目(CIP)数据

职教科研文献检索与综述实例分析 / 庄曼丽主编.
— 杭州：浙江工商大学出版社，2021.6
（职教教师科研工作实例操作丛书 / 朱国锋主编）
ISBN 978-7-5178-4280-4

Ⅰ．①职⋯ Ⅱ．①庄⋯ Ⅲ．①职业教育－教育研究－
信息检索 Ⅳ．①G712②G254.9

中国版本图书馆CIP数据核字(2021)第020022号

职教科研文献检索与综述实例分析
ZHIJIAO KEYAN WENXIAN JIANSUO YU ZONGSHU SHILI FENXI
程江平 主审　庄曼丽 主编

责任编辑	谭娟娟
封面设计	林朦朦
责任印制	包建辉
出版发行	浙江工商大学出版社
	（杭州市教工路198号　邮政编码310012）
	（E-mail：zjgsupress@163.com）
	（网址：http://www.zjgsupress.com）
	电话：0571-88904980，88831806（传真）
排　　版	杭州彩地电脑图文有限公司
印　　刷	杭州杭新印务有限公司
开　　本	710mm×1000mm　1/16
印　　张	18
字　　数	222千
版 印 次	2021年6月第1版　2021年6月第1次印刷
书　　号	ISBN 978-7-5178-4280-4
定　　价	50.00元

本丛书获浙江省社科联社科普及项目资助

立项编号： 21KPWT01ZD

立项名称： 职教教师科研工作实例操作丛书

组织单位： 浙江省中华职业教育社

丛书总主审：

仇贻泓（浙江省中华职业教育社副主任、宣传教育委员会主任，省人力
社保厅原副厅长）

丛书总主编：

朱国锋（浙江省中华职业教育社宣传教育委员会副主任、浙江交通职业
技术学院教授）

/ 指导委员会 /

主　任：

仇贻泓（浙江省中华职业教育社副主任、宣传教育委员会主任，省人力
　　　　社保厅原副厅长）

委　员：

于永明（浙江省中华职业教育社副主任，省教育厅党委委员、副厅长）

邢自霞（浙江省中华职业教育社副主任，省财政厅党组成员、副厅长）

郑亚莉（浙江省中华职业教育社副主任、交流合作委员会主任，浙江金
　　　　融职业学院院长、教授）

潘云峰（浙江省中华职业教育社副主任、浙江荣盛建设有限公司总裁）

胡方亚（浙江省中华职业教育社副秘书长）

王志泉（浙江省中华职业教育社宣传教育委员会副主任、省教育厅二级
　　　　巡视员）

洪在有（浙江省中华职业教育社宣传教育委员会副主任、省人力社保厅
　　　　职业能力建设处副处长）

朱国锋（浙江省中华职业教育社宣传教育委员会副主任、浙江交通职业
　　　　技术学院教授）

汪传魁（浙江省中华职业教育社社会服务委员会副主任、天成职业技术

学校董事长）

郑卫东（浙江省中华职业教育社社会服务委员会副主任，浙江纺织服装
　　　　职业技术学院院长、教授）

高志刚（浙江省中华职业教育社社会服务委员会副主任、杭州市中策职
　　　　业学校校长）

谢利根（浙江省社会科学界联合会党组成员、副主席）

程江平（浙江省教育科学研究院副院长）

周银波（浙江省人事教育指导服务中心主任、省职业技能教学研究所
　　　　所长）

陆海深（浙江省人力资源和社会保障科学研究院副院长、副研究员）

陈　衍（中华职业教育社专家委员会委员，浙江工业大学职业技术教育
　　　　研究所所长、教授）

胡新根（浙江东方职业技术学院院长、教授）

杜兰晓（浙江旅游职业学院院长、教授）

汤有祥（浙江宇翔职业技术学院院长、上墅教育集团董事长）

毛建卫（浙江工业职业技术学院校长）

胡晓杭（金华教育学院院长）

杨国强（杭州第一技师学院党委书记、院长、正高级讲师）

许红平（杭州萧山技师学院院长、教授）

阮强志（长兴技师学院院长、副书记、高级讲师）

施学斌（桐乡技师学院院长）

盛锡红（绍兴技师学院（筹）校长）

王钟宝（永康五金技师学院院长、永康市职业技术学校校长）

郑效其（杭州市开元商贸职业学校校长）

却　旦（杭州市乔司职业高级中学校长）

杨琼飞（杭州市旅游职业学校校长）

俞浩奇（宁波外事学校校长）

陈　列（宁波建设工程学校校长）

赵百源（柯桥区职业教育中心校长）

毛　芳（龙游县职业技术学校校长）

谢卫民（三门县职业中等专业学校校长、党委书记）

曾国健（丽水市龙泉市中等职业学校校长）

程新杰（杭州市计算机学校校长、"一技成"天赋教育联盟秘书长）

周燕波（衢州市南孔职业培训学校董事长）

张　旻（中国亚厦控股集团副总裁）

毛英俊（锦绣江山外国语学校董事长、浙江金和龙房地产公司董事长）

/ 总　序 /

王利月

（浙江省委统战部副部长、省中华职业教育社常务副主任）

　　职业教育与普通教育是两种不同的教育类型，但具有同等重要地位。随着我国经济社会发展，职业教育在社会主义现代化建设中的地位和作用更加突出，上升到"没有职业教育现代化就没有教育现代化"的高度。作为职业教育先进地区，浙江省一贯重视推进职业教育现代化建设，积极把职业教育融入"两个高水平"建设大局，致力于打造职业教育的"浙江样板"，并向"成为新时代全面展示中国特色社会主义制度优越性的重要窗口"的新定位、新目标积极努力。

　　拥有一支优秀的职业教育教师队伍，是推动职业教育进一步改革发展的关键。浙江省中华职业教育社作为省委省政府团结、联系职业教育界和民办教育界人士的桥梁和纽带，积极开展服务职业教育改革发展的各项工作。为助力职业教育教师队伍的培养，我们设立了"浙江省中华职业教育科研项目"，推动职业教育工作者积极开展科研活动，得到了广大职业教育工作者的热烈拥护和广泛好评。

　　职教科研是职业教育工作者的一种创造性认识活动。这种创造性认识活动的顺利开展，需要职业教育工作者特别是教师具备三方面的条件：

一是强烈的科研愿望，二是一定的科学研究能力，三是掌握一定的科研方法。当前，大部分职教教师能够深刻认识开展科研工作的意义，具有强烈的开展科研工作的愿望。但由于科研经验和能力的不足，许多教师在起步阶段不得要领，不知从何下手，一旦遇到挫折，比如申报浙江省中华职业教育科研项目未能成功，便渐渐失去开展科研工作的热情和耐心。这对于自身的进一步成长是不利的，也是非常可惜的。

为切实解答当前一线职教教师在科研工作中的实际困惑，更好地提高广大职教教师的科研能力，帮助职教教师成长成才，浙江省中华职业教育社邀请省内一些长期从事职教工作的专家和老师，编著了"职教教师科研工作实例操作丛书"。本套丛书不追求艰深的科学研究理论，而是力求让职教理论联系工作实际，以职业教育科研实践中遇到的实际问题为突破口，收集大量案例，注重示范性和操作性，致力于为一线职教教师开展科研工作提供有力指导，有很强的可读性。

这套丛书的作者们基于对职业教育的热爱，对职教科研的热爱，希望为职教教师们做一件有意义的事情。我深深感到，像这样致力于职教科研的老师再多一些，科研型教师的队伍再庞大一些，职教科研的前景一定会更加美好。我更加期望，职教教师在做好教学工作的同时，能够更加热爱职教科学研究，那么，我们的职业教育前景也一定会更加美好！

是为序。

/目　录/

第一章 ————————————————————

职教科研文献概述

第一节　文献及其价值与基本分类　/003

第二节　职教科研文献的特点　/010

第三节　常用的职教科研文献　/015

第二章 ————————————————————

职教科研文献检索的程序与方法

第一节　职教教师的困惑　/029

第二节　职教科研文献检索的程序　/034

第三节　常用的文献检索方法　/039

第三章

文献检索工具的使用

第一节　中国知网　/045

第二节　维普数据库　/085

第三节　超星发现系统　/096

第四节　ProQuest 数据库　/108

第五节　Springer Link 数据库　/122

第四章

文献管理与分析工具的使用

第一节　利用 EndNote 完成文献管理　/139

第二节　利用 CiteSpace 完成文献可视化分析　/162

第五章

职教科研文献综述的撰写

第一节　文献综述的类型和特点　/185

第二节　筛选有价值的文献　/189

第三节　文献整理和分析的技巧　/197

第四节　文献综述撰写的常见问题　/206

第五节　文献综述的格式　/211

第六节　文献综述写作的方法　/215

第六章

参考文献著录与学术道德规范

第一节 参考文献概述 /237

第二节 常用的参考文献著录规则及实例说明 /241

第三节 参考文献与注释的标注 /255

第四节 学术道德与学术不端 /263

参考文献 /268

后 记 /270

第一章

职教科研文献概述

　　一切记录知识和信息的载体皆为文献。因为有了文献，我们不必穿越时空就能知晓过去；因为有了文献，我们不必跨越重洋就可以了解异域的文明；因为有了文献，科学知识、科研方法和科研精神才得以继承和发展。让我们从了解文献开始，走近职教科研文献，开启一段职教科研旅程吧！

第一节 文献及其价值与基本分类

一、文献的概念

"文献"一词在我国的不同时期拥有不同的含义。战国初期的《论语·八佾》首次使用了"文献"。原文为："夏礼吾能言之，杞不足徵也；殷礼吾能言之，宋不足徵也。文献不足故也。"大意是：孔子能够讲述夏代和殷代的礼仪制度，却不能说出之后的杞国和宋国的礼仪制度，这是杞、宋两国的历史资料和知礼人才不足的缘故。表面上看，《论语·八佾》中的"文献"是一个词组，但实际上"文"与"献"有着不同的含义。宋代理学家朱熹在《四书章句集注》中对这两个词分别进行了注释，其指出，"文，典籍也；献，贤也"，即"文"是指有关典章制度的文字资料，"献"是指广博多闻、熟悉掌故的人。

到了现代，"文献"的含义和使用方法逐步发生改变，成为一个专有名词。日常生活中的人们提及"文献"，常指有历史意义的书面材料，如古典文献或古籍文献等。但文献的标准定义却不限于此。《中国大百科全书》对"文献"的解释是："一切记录知识和信息的载体。"《文献著录总则》（ GB/T 3792.1—1983 ）也将"文献"定义为"记录有知识的一切载体"。根据这一定义，我们在工作和生活中接触的很多东西都可以称为文献，如书籍、报纸、录音、录像，具体而言，前文刚刚提到的《论语·八佾》《四书章句集注》《中国大百科全书》《文献著录总则》

都是文献。

从文献的定义看，文献包含内容和形式两个方面，内容是指文献所记录的知识和信息，形式是指记录这些知识和信息的载体。知识内容、信息符号、载体材料和记录方式是文献的 4 个要素。

二、文献的价值

文献的内容和形式的统一，使其同时具备信息存储与信息传递两大功能，能帮助人们克服时间与空间上的障碍，记录、储存和传递人类已有的知识与经验。在漫长的历史长河中，文献记录了人类的活动信息，从而促进人类知识的增加和科技的进步，推动着人类社会的发展。

在科学研究中，文献主要是指经过相关组织研究考证证实的资料，具有极其重要的价值和作用。文献是科学技术研究成果的最终表现形式。从科研工作的过程看，科研工作者在研究之前需要阅读、学习和借鉴前人的文献，在研究过程中需要通过各种方式记录研究数据，在研究完成之后对研究成果以专著或论文的形式公开，在研究成果表达的过程中，对有价值的文献的引用能起到更充分的说明论证作用。从文献传播和使用的角度来说，文献是知识共享的基础，正是因为文献的存在，才使得科研工作者能够永远"站在前人的肩膀上"，在前人的研究基础上不断创新，避免重复劳动。从知识产权的角度来说，文献是确认研究人员取得研究成果优先权的基本资料。从质量的角度来说，文献的水平和质量反映了科学研究的水平和质量，文献是衡量科研工作者创造性劳动效率的重要指标。总之，文献的使用贯穿于科研工作的始终，没有人能够脱离文献做研究和出成果。

三、文献的基本类型

文献的记录功能是手段，文献的传递和使用才是目的。随着社会的发展，文献的数量越来越多。到了信息时代，文献的数量更是以前所未有的速度快速增长。为了方便人们快速准确地获取所需的文献，对文献进行分类十分有必要。

（一）按文献的加工程度划分

根据加工程度的不同，文献可以分为一次文献、二次文献、三次文献和零次文献。

一次文献即原始文献，是作者通过自身的观察、实验等方式形成的文献，其具有鲜明的创新性。常见的一次文献包括论文、专著、专利等，它是人们学习参考的最基本的文献类型。

二次文献是对一次文献进行加工、整理后形成的工具性文献，也称为检索性文献，如书目、索引、文摘、题录，也包括网络检索引擎。二次文献能够帮助读者查找分散的一次文献。

三次文献是利用二次文献对一次文献进行系统整理和研究的概括性文献，如文献综述、年鉴、百科全书等。

零次文献是指未经发表或未进入社会交流的文献，如实验数据、手稿、录音、录像、会议记录等，是未经加工整理的特殊文献。

（二）按文献的载体形式划分

根据文献的载体形式的不同，文献可以分为纸质文献、缩微文献、视听文献和电子文献。

纸质文献是以纸张为载体的文献，包括以手工书写方式记录在载体上的书写型文献和以印刷方式出版的文献。纸质文献是一种传统的文献类型，也是主要的文献类型。

缩微文献是以感光材料为载体的文献，具体指将文献用缩微照摄影技术记录在胶卷或胶片上，便于文献的存储和复制。

视听文献也称声像型文献，主要以唱片、录音带、录像带、光盘等为载体，如纪录片、访谈录音等。

电子文献是指以计算机或网络为载体的数字文献，也常被称为电子出版物，如电子图书、电子期刊、电子报纸等，其是 21 世纪人们常用的文献类型之一，具有数量丰富、传播迅速、使用便捷等特点。

（三）按文献的出版类型划分

根据出版类型的不同，文献可以分为图书、期刊、科技报告、会议文献、专利文献、标准化文献、政府出版物、学位论文等。其中，除图书和期刊外的其他文献统称为特种文献。

图书是现代出版物中最普通的一种文献，包括专著、教科书、读物、参考工具书等。

期刊是指定期出版的刊物，又称连续出版物或杂志，一般有固定名称、版式、篇幅和主题范围，按照一定的编号或年月，定期或不定期地连续出版。按照刊登的内容，期刊可分为学术性期刊、宣传性期刊和普及性期刊等；按照出刊的时间，期刊可以分为周刊、半月刊、月刊、双月刊、季刊和半年刊等。相较于图书，期刊具有出版周期短、内容更新快等特点。《教育研究》《全球教育展望》等是国内教育学的权威学术期刊。

科技报告是科研部门或科研人员发布的研究报告或成果报告，如美国四大报告：PB（Publication Board）报告、AD（Accession Document）报告、NASA（National Aeronautics & Space Administration）报告和 DOE（Department of Energy）报告。科技报告一般为连续出版，内容专深，能反映最新的科研成果。

会议文献是在学术会议上交流、讨论的论文、报告和其他学术资料，一般能反映某一领域的新发现、新成果和新趋势，可以分为会前、会中和会后三种，包括会议通知、会前论文摘要、讲话稿、会议纪要和论文集等。

专利文献是记载专利申请、审查、批准过程中所产生的各种文件资料，一般包括专利申请书、专利说明书、专利公报、专利检索工具等，主要是指专利局出版的专利说明书或发明说明书。按照专利的类型，专利文献也分为发明专利文献、实用新型专利文献、外观设计专利文献。

标准文献，即标准化文献，简称标准，广义是指与标准化工作相关的一切文献。标准按适用范围可划分为国际标准、区域标准、国家标准、行业标准和企业标准，按照潜质程度可分为强制性国家标准（GB）和推荐性国家标准（GB/T）。例如，《信息与文献 参考文献著录规则》（GB/T 7714—2015）是由中华人民共和国国家质量监督检验检疫总局、中国国家标准化管理委员会发布的推荐性国家标准，是关于参考文献著录的标准性文件。随着中国国际化程度的不断发展，我国各行各业的标准化建设体系越来越完善，标准的门类也越来越多。

政府出版物即由政府机构出版的文献，又称官方出版物，法律法规、政策方针等行政性文件和标准等文献都属于政府出版物。

学位论文是为获取学位而撰写的论文，包括学士论文、硕士论文和博士论文三种。

（四）按文献的内容进行划分

根据文献内容，即知识或信息的不同，可以将文献按照学科体系进行分类，由此产生专门的学科文献，如教育学文献、经济学文献、医学文献、化学文献等。《中国图书馆分类法》（简称《中图法》）对图书的分类方法就是一种典型的按照文献内容进行分类的文献分类法，它根据图书资料的特点，按照从总到分、从一般到具体的编制原则，确定分类体系，在马克思主义、列宁主义、毛泽东思想、邓小平理论，哲学，社会科学总论，自然科学和综合性图书 5 个基本部类的基础上，组成 22 个大类，其中大类用大写的拼音字母表示，见表 1–1。

表 1–1 《中图法》5 个基本部类及下设的 22 个大类 [①]

类别	类别
A 马克思主义、列宁主义、毛泽东思想、邓小平理论	N 自然科学总论
B 哲学、宗教	O 数理科学和化学
C 社会科学总论	P 天文学、地球科学
D 政治、法律	Q 生物科学
E 军事	R 医药、卫生
F 经济	S 农业科学
G 文化、科学、教育、体育	T 工业技术
H 语言、文字	U 交通运输
I 文学	V 航空、航天
J 艺术	X 环境科学、安全科学
K 历史、地理	Z 综合性图书

在"G 文化、科学、教育、体育"大类下，还有三级目录和四级目录，详见表 1–2。

---

① 《中图法》讲述了我国具有代表性的图书文献分类法，也讲述了我国图书馆使用最广泛的图书分类法体系。它采用汉语拼音字母与阿拉伯数字相结合的混合号码进行编号，即用一个字母表示一个大类，以字母的顺序反映大类的序列，字母后用数字表示大类以下类目的划分，且数字的编号使用小数制。

表 1-2 《中图法》中"G 文化、科学、教育、体育"大类（部分）

三级目录	四级目录
G4 教育学	G41 思想政治教育、德育
	G42 教学理论
	G43 电化教育
	G44 教育心理学
	G45 教师与学生
	G459 学校与家庭、学校与社会
	G46 教育行政
	G47 学校管理
	G48 学校建筑和设备的管理
G5 世界各国教育事业	G51 世界教育事业
	G52 中国教育事业
	G53/57 各国教育事业
G6 各级教育	G61 学前教育、幼儿教育
	G62 初等教育
	G63 中等教育
	G64 高等教育
	G65 师范教育
G7 各类教育	G71 职业技术教育
	G72 成人教育、业余教育
	G74 华侨教育、侨民教育
	G75 少数民族教育
	G76 特殊教育
	G77 社会教育
	G78 家庭教育
	G79 自学

第二节　职教科研文献的特点

职教科研文献是职业教育科研文献的简称，是指以进行科学研究工作为主要使用目的的职业教育文献。职教科研文献在《中图法》中隶属于教育科研文献，用"G71 职业技术教育"表示。职教科研文献产生于职业教育活动和研究之中，其特点与职业教育理论和实践研究的特点相一致。

一、历史跨度长

虽然"职业教育"这一学术概念产生于近代，但是职教科研文献的产生却远远早于近代，它与人类的职业教育活动相伴而生，可以一直追溯到我国古代。原始社会的职业教育活动以神农氏"教民农耕"、伏羲氏教民"拘兽以为畜"、嫘祖"教民育蚕，治丝茧以供衣服"等劳动技术传授的形态出现，记载着这些传说的古籍就是中国最早的反映职业教育原始形态的文献。在封建社会，伴随着学徒制的产生和发展，出现了《考工记》（春秋战国时期）、《齐民要术》（北魏末年）、《农桑辑要》（元代）、《农政全书》（明代）、《授时通考》（清代）等职业教育教材。到了近代，职业教育发展成为一门专业化的独立学科，形成了一批专业化的职业教育方面的学术期刊和著作，如 1917 年发行的《教育与职业》杂志和 1941 年出版的何清儒的著作《职业教育学》等。从原始社会的古籍到封建社会的师徒制教材，再到现代社会的职业教育科研著作，职教科研文献经历了漫长的积累过程，是职教科研工作的宝贵财富。

二、数量增长快

随着职业教育的发展，职业教育方面文献的数量急剧增加。在 ProQuest 数据库以"vocational education"进行全库检索，可以查到 1 163 728 篇相关主题的文献。而中国知网数据库检索结果显示，1980 年至今，以"职业教育"为主题的文献共有 306 381 篇，其中大部分发表于 21 世纪以后，数量总体呈上升趋势，如图 1-1 所示。在这些文献中，期刊论文的数量最大，约有 230 000 篇。

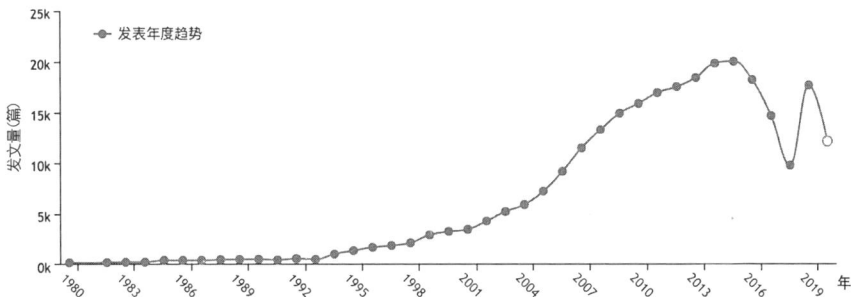

图 1-1　以"职业教育"为主题的文献数量趋势分布

职业教育学术专著的数量也在翻番增长。相关研究显示，1917—1949 年，我国各类职业教育译著、编著和专著有 93 部，2008—2012 年和 2013—2017 年总数分别达到 185 部和 339 部。截止到 2020 年 7 月 1 日，以"职业教育"为关键词，通过当当网搜索，共得到 34 067 条图书信息。通过中国知网外文图书数据库，使用"职业教育"作为标题进行检索，发现有 1053 本与职业教育相关的外文图书。

同时，职业教育教材总量也不可小觑。若以我国高等职业教育的教材为例，按照《高等职业学校专业教学标准（试行）》，我国高职院校现有410个专业，假设每个专业有5门以上专业课程，每门课程在全国有不少于3个出版社出版的不同教材，那么保守估计，我国高职等教育领域就有不少于6150种专业教材。

当然，每个时代的文献都是当时社会发展的印记，受制于当时社会政治、经济制度及社会生产力等因素的影响。职业教育是与经济发展联系特别紧密的教育类型，因此原有的职教科研文献的时代感正逐步减弱，文献"老化"不断加剧。

三、涉猎内容广

职业教育的广义内涵、跨界属性及职业的多样性等共同决定了职教科研内容的多样性，使得职教科研文献所反映的内容丰富而庞杂。

从职业教育的概念内涵来说，职业教育的概念有狭义和广义之分。狭义的职业教育是指学校职业教育，目前我国的学校职业教育主要包括中等职业教育和高等职业教育。广义的职业教育是相对于狭义职业教育而言的，是指全社会广泛参与的，培养一切人的职业教育，既包括学校教育中一切与职业教育相关的部分，如职业生涯教育、创新创业教育、职业培训，也包括学校教育之外的社会培训、企业职工培训等内容。在广义的职业教育范畴下，职业教育文献的内容可以说是包罗万象的。

从职业教育的学科属性来说，职教科研文献的内容跨越多个学科。职业教育研究对象的多样性和复杂性决定了职业教育学术著作的多样性。职业教育是以职业教育现象和职业教育问题为研究对象的科学，但现实中的职业教育涉及的现象纷繁芜杂，遇到的实践问题错综复杂，职业教育的研究对象远比其他门类的教育学科更为广泛。2019年中国知网收录的与"职业教育"主题相关的期刊文献的学科分类分布情况见图1-2。

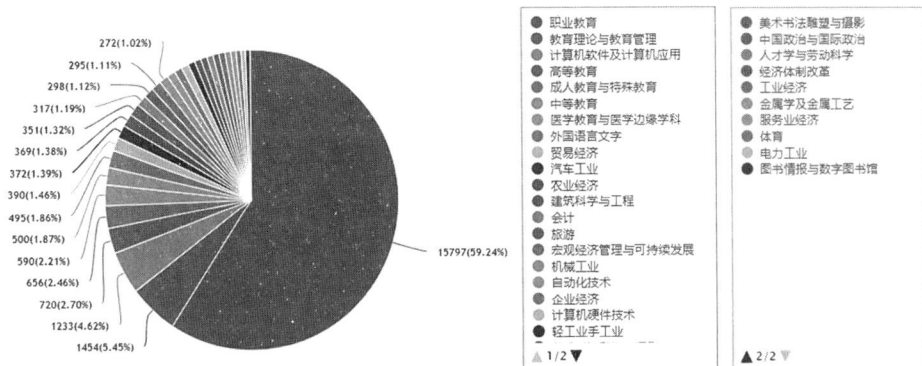

图1-2 2019年中国知网"职业教育"主题期刊论文学科分类分布情况

有学者提出，基于职业教育这种跨界的本质属性，职业教育应当被视为一种研究领域而非一个独立的学科。事实上，在一些欧美国家确实没有专门的职业教育学科，职教研究者都是从自身不同的学科背景出发，就某个职教问题开展研究。如就"校企合作"这一主题，拥有不同的学科背景的职教研究者围绕同一主题辐射出不同的研究视角。经济学背景的研究者可以探讨企业参与校企合作的经济收益，法学背景的研究者可以研究校企合作风险，管理学背景的研究者可以分析校企合作的政府管理。这种跨学科性质的研究必然产生跨学科的学术文献，如《校企合作立法中的责任主体及其驱动与规制——基于高等教育现代化视角的对策性研究》《企业参与校企合作教育动力机制研究——基于经济利益与社会责任视角》《现代职业教育体系下校企合作的政府管理调适》。

从职业的种类来说，种类多样的职业教育专业产生了多样化的专业教育文献。学校职业教育的专业是根据职业分类体系建立起来的。《中华人民共和国职业分类大典》（2015 年版）显示，我国职业分类体系有 8 个大类、75 个中类和 434 个小类，共计 1481 个职业。细化的职业分类要求职业院校必须设置相应种类的专业。目前，我国高职和中职分别有 410 和 230 个专业。职业院校开设的专业的多样性又进一步决定了职业院校专业建设、专业教学标准制订、教材编写、课程开发、专利申请的多样性，由此产生了内容极其丰富的教材、标准、专利等专业教育文献。

四、描述性文献多

总体而言，职业教育学术文献中描述性文献较多，论证性文献较少。一方面，职业教育学科建立的时间较晚，独立的统一的研究范式尚未形成，进行经验性描述的研究较多，解释性研究较少。有学者指出，目前，职业教育还处于学科发展的初始阶段，人们对职业教育规律的认识尚浅，理论抽象层次不高，仅是经验水平上的职业教育学，职业教育学科中的许多理论还处在经验事实的简单概括阶段，很多研究停留在经验推导层面，无法解释职业教育的客观规律。另一方面，从职教研究者的特点来看，具有文科背景的研究者所占的比例较高，具有理工科背景的研究者少之又少。拥有文科背景的职教科研工作者擅长经验描述，但缺乏对现代工业、农业和服务业等相关职业的专业建设、课程开发、教学设计等进行深入研究的能力，更不擅于运用各种质性或量化研究方法进行科学的研究。因此，也很难产生论证性的职教科研文献。

第三节　常用的职教科研文献

作为文献的一种，职教科研文献类型极其丰富，几乎包括文献的所有类型。职教教师常用的文献主要包括职业教育专业书籍、职业院校教材、职业教育读物、职业教育学术期刊、职业院校专利、职业教育标准、职业教育学位论文等。了解职教科研文献的种类极其特点，可以帮助职教教师锁定所需的文献。

一、职业教育专业书籍

职业教育专业书籍是指职业教育专著或编著，是职教科研文献的主体，主要由职业教育学者或专家撰写或编写完成。一些重量级的学术著作是职业教育学科大厦建立的基石，如民国时期著名教育理论家朱元善的《职业教育真义》被称为"20世纪初中国职业教育学的拓荒之作"。《职业教育真义》是朱元善根据日本学者川本宇之介的《职业教育研究》一书编译而成的，是我国最早的成体系的职业教育理论著作。又如，20世纪八九十年代，《职业教育概论》（高奇，1984）、《职业技术教育学》（刘鉴农等，1986）、《职业技术教育导论》（刘春生，1989）、《职业技术教育原理》（国家教委职业技术教育中心研究所，1998）等一批理论著作初步构建了职业教育的学科知识体系。具体见表1–3和表1–4。

表 1-3　民国时期职业教育译著统计表

译著名称	译著作者	原著作者	国别	出版时间
《职业技师养成法》	熊崇煦	秋保治安	日本	1919 年
《德国工商补习学校》	陆振邦	培伦子	德国	1925 年
《实业教育》	王长平	利克	美国	1926 年
《女子职业训练谈》	全振华	麦甘佛	美国	1926 年
《欧美的劳动教育》	赵仰夫	山田敏一	日本	1929 年
《工作学校要义》	刘钧	凯兴斯泰纳	德国	1935 年

表 1-4　民国时期职业教育编译著统计表

编译著作名称	编译作者	出版时间
《职业教育真义》	朱元善	1917 年
《小学职业陶冶》	杨鄂联、彭望芬	1925 年
《职业教育研究》	邹恩润	1923 年
《职业教育论》	朱景宽	1916 年
《职业智能测验法》	邹恩润	1923 年
《职业教育参考书》	熊崇煦	1919 年
《德国职业补习学校概况》	顾树森	1927 年

　　随着职业教育研究的不断深入和职业教育研究领域的不断拓展，职业教育专著和编著也越来越多，不胜枚举。根据《中图法》的分类体系，职业教育的图书文献涵盖职业技术教育理论等 8 个方向，具体见表 1-5。

表 1-5　《中图法》对"G71 职业技术教育"图书文献的划分

四级目录	五级目录
G71 职业技术教育	G710 职业技术教育理论
	G711 思想政治教育、德育
	G712 教学理论、教学法
	G714 教材、课本、辅助教材
	G715 教师与学生
	G717 学校管理
	G718 各类型职业技术学校
	G719 世界各国职业技术教育概况

二、职业院校教材

在职业教育图书文献中，职业院校教材是门类最多、数量最庞大的一种。从教材的使用对象来分，职业院校教材包括中等职业学校教材和高等职业学校教材；从教材的内容来分，职业院校教材包含文化课教材和专业课教材；从教材的开发部门来分，职业院校教材分为国家教材、地方教材和校本教材；从教材的语言文字来分，职业院校教材包括中文教材和其他语言教材。

三、职业教育读物

一些职业教育学科特性不显著，但又对职业教育研究有重要作用的名著可以称为职业教育读物，如柏拉图的《理想国》、法国思想家让－雅克·卢梭的《社会契约论》、"经济学之父"亚当·斯密的《国富论》、美国哲学家和教育家约翰·杜威的《民主主义与教育》等经典的哲学、社会学、经济学、心理学著作。这些著作虽然不属于职业教育学科著作，却是职业教育学的基础读物。这些职业教育读物能够拓宽职教教师的研究视野，为职教科研提供坚实的理论基础，并开拓新的研究领域。

恰当的研究方法的使用是获取高水平职教科研成果的必要条件，教育研究方法类书籍是职教教师必须阅读的书籍。职教教师可以根据自身的学术专长选择性地阅读质性研究方法或量化研究方法类书籍，如《质性研究的基础：形成扎根理论的程序与方法》《量化研究与统计分析：SPSS 中文视窗版数据分析范例解析》。此外，一些工具书，如《现代汉语词典》《教育大辞典》《简明教育辞典》《中国教育统计年鉴》《中国学术年鉴》也是职教科研工作的重要参考资料。

四、职业教育学术期刊

职业教育学术期刊是指集中发表职业教育科研论文的期刊。职业教育学术期刊是职教教师学术交流的重要阵地，是职业教育科研工作参考文献的重要来源，在职业教育学术期刊上发表文章更是职业教育科研工作者学术成长的重要途径。虽然职业教育学术期刊的总量并不算多，但是种类却不少。五花八门的分类方式也常常会使职教教师误以为职业教育学术期刊是个复杂的体系。因此，了解并能恰当地使用国内外主要的职业教育学术期刊是优秀职教教师的必备技能。这里主要介绍几种职教科研工作者经常接触到的期刊类型。

（一）职业教育专业性期刊

职业教育专业期刊以职业教育学科专业作为期刊的选题和选稿标准，带有很强的学科性，甚至以职业教育学科建设为己任。如《中国职业技术教育》是教育部指导全国职业教育工作的重要舆论工具，是宣传职业教育改革与发展成就、服务各级各类职业教育机构的主要阵地。职业教育专业性期刊在推动职业教育学科发展和实践问题的解决上具有重要作用，是职教科研工作的重要参考文献来源。目前，国内职业教育专业刊物数量较少，部分刊物及主办单位情况见表1-6。

表1-6　职业教育专业刊物一览表（部分）

序号	刊名	主办单位
1	《中国职业技术教育》	教育部职业技术教育中心研究所、中国职业技术教育学会和高等教育出版社
2	《教育与职业》	中华职业教育社
3	《职教论坛》	江西科技师范大学
4	《职业技术教育》	吉林工程技术师范学院
5	《职业》	中国劳动社会保障出版社
6	《职业教育》	浙江教育出版社有限公司
7	《高等职业教育探索》	广州番禺职业技术学院
8	《职业教育研究》	天津职业技术师范大学
9	《当代职业教育》	四川广播电视大学
10	《职教通讯》	江苏技术师范学院
11	《江苏高职教育》	南京工业职业技术学院
12	《河北职业教育》	廊坊师范学院
13	《职业技术》	黑龙江旅游职业技术学院
14	《职教发展研究》	江苏凤凰教育出版社有限公司
15	《机械职业教育》	中国机械工业教育协会、无锡职业技术学院

（二）综合性期刊

综合性期刊是选题和选稿跨越多个学科的期刊，如上海市社会科学联合会主办的《学术月刊》是以学术理论研究为主的综合性期刊，又如《教育研究》《中国教育学刊》也是教育类的综合性期刊。这些期刊一般刊载理论性较强的学术性论文，偶尔也会刊登职教论文，如《北京大学教育评论》于 2019 年第 2 期刊登了题为"国家示范性高职院校带动周边院校发展了吗"这一论文。

此外，学报和文摘也属于综合性期刊。在众多的综合性期刊中，学报是较为特殊也是数量较为庞大的一种。学报亦可称"学刊""院刊""校刊"，一般由高等院校、研究机构、学术团体主办。因为我国职业院校众多，所以职业院校学报数量也不少，如《深圳职业技术学院学报》《金华职业技术学院学报》等。一些行政部门和师范类院校也会设有职业教育栏目，如《国家教育行政学院学报》、《华东师范大学学报》（教育科学版）。

（三）职业教育核心期刊

职业教育核心期刊是指被七大核心期刊遴选体系选出来的，所含职业教育学科情报信息量大、质量较高，且能够代表职业教育学科发展水平并受到本学科读者重视的专业期刊。目前，职教核心期刊代表着职业教育期刊的最高学术水平。国内七大核心期刊遴选体系是指北京大学图书馆的"中文核心期刊"（简称北大核心期刊）、南京大学的"中文社会科学引文索引（Chinese Social Sciences Citation Index，CSSCI）来源期刊"（简称南大核心期刊或"C 刊"）、中国科学技术信息研究所的"中国科技论文统计源期刊"（又称中国科技核心期刊）、中国社会科学院文献信息中心的"中国人文社会科学核心期刊"、中国科学院文献情报中心的"中国科学引文数据库（Chinese Science Citation Database，CSCD）来源期刊"、中国人文社会科学学报学会的"中国人文社科学报核心期刊"及万方数据股份有限公司的"中国核心期刊遴选数据库"。其中，北大核心期刊、南大核心期刊在国内职业教育科研领域的影响力居于前列。

目前，职业教育类的核心期刊有 4 份，分别是教育部职业技术教育中心研究所、中国职业技术教育学会和高等教育出版社共同主办的《中国职业技术教育》，中华职业教育社主办的《教育与职业》，江西科技师范大学主办的《职教论坛》,吉林工程技术师范学院主办的《职业技术教育》。

（四）人大复印报刊资料《职业技术教育》

人大复印报刊资料《职业技术教育》是由中国人民大学书报资料中心编辑出版的教育类专业性期刊，它虽然与吉林工程技术师范学院主办的《职业技术教育》同名，但却是不同类别的期刊，是一种二次文献期刊。人大复印报刊资料与人民出版社主办的《新华文摘》、中国社会科学院主办的《中国社会科学文摘》、上海师范大学主办的《高等学校文科学术文摘》并称为"四大文摘"，是国内学术界公认的权威二次文献。人大复印报刊资料《职业技术教育》是数百种人大复印报刊资料中的一种。

人大复印报刊资料《职业技术教育》在职业教育科研领域具有极高的权威性，这主要是因为它在一定程度上具有评价期刊的功能。论文是否被人大复印报刊资料《职业技术教育》等二次转载是 CSSCI 期刊评价体系的一个重要指标，因此，职业教育学界常以论文是否被人大复印报刊资料《职业技术教育》转载为标准来衡量一篇论文的学术价值，职业教育学术期刊也常以其刊发的论文是否被转载为荣。

五、职业教育标准

国家职业教育标准是职业教育标准文献的主要内容，包括中等和高等职业学校设置标准、教师和校长专业标准、职业学校专业目录、专业教学标准、课程标准、顶岗实习标准、实训条件建设标准和职业教育质量评价标准等。

发达国家的职业教育标准制订工作起步较早，文献也相对较为完善，这些是我国职业教育标准制订和相关文献研究的重要参考文献。如英国国家职业标准（*National Occupational Standards*）、英国《继续教育与技能培训评价手册2012》（*Common Inspection Framework for Further Education and Skills* 2012）及德国的《职业学校职业专业教育框架教学计划编制指南》等。

标准化建设是我国职业教育走向现代化和国际化的必由之路。"构建职业教育国家标准"是《国家职业教育改革实施方案》明确的我国职业教育发展的重大任务。近年来，我国职业教育标准化建设步伐不断加快，职业教育标准文献的种类不断丰富，数量不断攀升。目前，我国已经建成并发布2个专业目录（《中等职业学校专业目录》和《高等职业学校专业目录》）、230个中职专业教学标准和410个高职专业教学标准、10门中职公共基础课课程标准、9门中职大类专业基础课教学大纲、70个职业学校专业（类）顶岗实习标准及9个专业仪器设备装备规范等具有中国特色的职业教育国家教学标准。这些教学标准与中等职业学校设置标准、教师专业标准、校长专业标准和高等职业学校设置标准等共同组成了较为完善的国家职业教育标准体系，成为指导和管理职业院校教学工作的主要依据，也是开展国内职教科研工作必不可少的重要参考文献。

除了国家职业教育标准之外，职业教育标准文献还包括职业标准，如我国的《职业分类与代码》（GB/T 6565—1986）职业标准主要由国务院人力资源社会保障行政部门组织制定，是国务院教育行政部门开发教学标准的重要依据。

六、职业教育学位论文

职业教育学位论文是高校或科研机构的职业技术教育学专业的硕士研究生或博士研究生在导师的指导下完成的毕业论文，其具有一定的独创性、学术性，具有较大的参考价值。

一方面，职业教育学位论文的选题往往会受到研究生导师的研究方向或科研课题的影响，具有明显的学术化倾向，能够紧扣职业教育学术热点。例如，使用中国知网对优秀博硕士论文全文库进行检索，可以发现，2019年共有1019篇与职业教育主题相关的学位论文，其中"校企合作""产教融合""现代学徒制"等主题的学位论文占比较高。

另一方面，职业教育学位论文的结构比较统一，体系较为完整，一般包括论文封面、标题、中英文摘要、关键词、引言、正文、结论、致谢、参考文献等，其中正文部分包含比较系统化的国内外文献综述。这些文献综述能够比较完整地呈现某一领域的研究脉络，有助于职教教师全面把握该领域的主要研究成果。伴随着文献综述而产生的参考文献也将有助于职教教师进行文献追踪。

职业教育学位论文和其他学位论文一样，一般不公开发表，只能通过学位授予单位、指定收藏单位和私人途径获得。北京图书馆、中国科技情报所和中国社会科学院文献情报中心是指定的博士论文收藏单位。中国知网（CNKI）优秀博硕士论文全文数据库、中国学位论文全文数据库（万方）收录了大量的职业教育类的学位论文，是国内比较全面的职业教育类学位论文数据库。目前，还有一些高校的学位论文没有被收入中国知网，如北京大学、清华大学、北京师范大学等，想要查阅这些高校的学位论文，就必须到相应高校的馆藏图书馆查阅。《国际学位论文文摘》（*Dissertation Abstracts International*）收录了美国、加拿大等国450余所大学的学位论文文摘和其他世界著名大学的学位论文目录，ProQuest数字化博硕士论文文摘数据库（ProQuest Dissertations & Theses，简称PQDT）收录了欧美国家2000余所大学的优秀博硕士论文的全文和文摘。

七、职业教育政府出版物

职业教育政府出版物主要是指与职业教育相关的法律法规、政策文件，如我国的《中华人民共和国职业教育法》、美国的《卡尔·珀金斯职业和技术教育法案》属于职业教育法律文献，国务院印发的《国家职业教育改革实施方案》、教育部等六部门印发的《职业学校校企合作促进办法》属于政府发布的职业教育政策文献。

八、职业教育报告

职业教育报告按照不同分类方式可以分为年度报告和发展报告及综合性报告和专门性报告，如《高等职业教育质量年度报告》《中国职业教育集团化办学发展报告》《中国职业教育校企合作报告》《中职毕业生发展质量报告》等。目前，我国建立了较为完善的高职学校和中职学校质量年度报告制度，全国各级教育行政机构和职业院校每年都会发布质量年度报告。各类职业教育报告可以为职业教育科研工作者提供基础性数据，是职业教育科研工作的重要数据来源。

九、职业院校专利

职业院校专利是指职业院校申请并获得授权的专利，主要产生于职业院校为行业、企业提供技术服务和应用研究的过程中，是体现职业院校科研水平和服务社会经济发展的重要依据。教育部职业技术教育中心研究所对全国职业院校的专利申请和授权情况进行过统计发现，2013—2017 年，全国 1388 所高职院校共获得专利 85 271 项，平均每个职业院校拥有 61.4 项专利。职业院校专利文献主要包括实用新型专利文献、外观设计专利文献和发明专利文献。

第二章

职教科研文献检索的程序与方法

　　随着信息技术的快速发展，职教科研电子文献总量呈爆炸式增长。掌握科学的文献检索程序和方法，可以帮助职教教师在海量文献中快速准确地找到适量且合用的文献资料，从而摆脱"我们虽身处文献汪洋之中，却不得不忍受文献饥渴之苦"的困境。

第一节 职教教师的困惑

文献综述是学术研究的重要组成部分，更是各级各类课题申报书的主要内容之一。在课题申报书的样表中会有"国内外相关研究"或"国内外同类研究工作现状"这一栏，要求课题申报者评述相关研究领域的已有研究成果。但在职教教师的课题申报书中，这一部分的内容往往简短、单薄、空洞，并且常常会出现"目前国内或国外在这一研究领域还存在空白"一类的表述。

实例 2-1：课题《中职学校微创新教育模式研究》的文献综述

通过在数据库检索相关文献发现，教育领域对创新教育有一定的研究。其中，对中小学创新教育模式的研究比较丰富，大多数是针对具体学科开展的（许平，2008）。随着职业教育发展大环境的改变，职教领域的创新教育研究有所增加，但主要集中在高职院校人才培养模式方面（吕鹏，2020）。中职教师对创新教育的研究集中在 3 个维度：第一，对与学科素养相关的教育路径和目标的探索（杨智鸿，2018）；第二，对以培育核心素养为目标的育人策略架构的探索（蔡卫斌，2016）；第三，对立足实践的实际操作能力提升的探索（张志军，2015）。综上所述，中职学校创新教育尚有较大研究空间。

参考文献：

[1] 许平，《关于中小学美术课程及创新教育的思考》，《中国美术教育》，2008 年第 2 期。

[2] 吕鹏，《产教融合与校企一体化的创新教育研究——评〈现代高职的产教融合范式〉》，《中国高校科技》，2020 年第 6 期。

[3] 杨智鸿，《互联网＋背景下中职钢琴创新教育路径探索》，《学周刊》，2018 年第 31 期。

[4] 蔡卫斌，《信息时代下中职创新教育，助力学生核心素养提升》，《电子测试》，2016 年第 17 期。

[5] 张志军，《中职学校专业课程中的创新教育与新时期行业需求的适应性研究》，《课程教育研究》，2015 年第 32 期。

实例 2-1 是一个选自中职教师的课题申报书的文献综述片段。从文献综述的字数看，整个综述不到 300 字，而课题申报书全文约 5000 字，文献综述的字数占比不到申报书总字数的 10%，显然无法充分说明已有研究的基本情况，也不能陈述清楚已有文献对自己研究产生的影响和作用。从参考文献的数量看，实例中列举了 5 个相关研究文献，数量明显偏少；从文献质量看，这些文献不具权威性，研究质量并不高，其参考价值也不大。从文献综述的结构上来说，文献综述的重点有两个，一个是"综"，一个是"述"。所谓"综"，就是整理归纳所有有价值的文献，提炼目前已有的主要研究理论和成果。所谓"述"，不是简单叙述，而是结合代表性内容进行客观评述，提出独到见解。因此，综述并不是对既有研究成果的简单排列组合，而是将对本研究有价值的文献筛选出来，从而验证即将从事的研究的必要性。该案例的述评部分却只有一句话——"中职学校创新教育尚有较大研究空间"。这个结论看似没有错误，实则是在不全面和不准确的文献资料梳理的基础上得出的，缺乏科学性，更不能为即将开展的研究提供有力指导。此外，该案例中的参考文献的标注格式也不规范。

从案例中，我们能感受到职教教师在撰写文献综述时的手足无措，他们对文献检索方法和综述写作要求充满困惑。

（一）职教科研工作和文献有什么关系？

"记载着人类知识和信息的载体"在人们的日常生活中随处可见，但在日常生活和工作中，人们却很少会使用"文献"这个词来称呼它们。文献其实是一个学术术语，只有那些专门从事某一领域专业研究的人才会专门地查找、使用和生产"文献"。作为在教学一线的职教教师，特别是中职教师，很多都是高校毕业后直接走上教学岗位，其主要的工作职责是教书育人。因此，在缺乏系统的学术训练的情况下，职教教师对"文献"一词甚是陌生。因此，对于刚刚开始着手科研工作的职教教师来说，他们常常会问："文献是什么？职教科研工作和文献有什么关系？"

即使有的教师知道"文献"，但却不知道要将文献运用到职教科研工作中去，认为文献只是古董，是"考古学家"或"历史学家"的工具。这些教师往往喜欢进行一些经验式研究。他们在自己的日常教学工作中积累了大量的教学实践素材，想要通过对实践素材的整理归纳，提炼出一些教学经验或教学观点。这类教师没有发现文献的巨大价值，缺乏参考已有文献的意识，认为一手素材才是最有价值的，把文献视为过时的东西。

（二）论文写作和课题研究为什么必须要进行文献检索？

对职教科研工作稍有了解的教师一般会知道"文献综述"是课题或论文的必要组成部分，但对"文献检索"知之甚少。每个职教教师在工作中总会积累一些与教育教学相关的文献资料，如教材、曾经学习过的专业书籍、喜欢阅读的书籍、教育类的报刊等，或许正是这些资料与职教教师的实践相碰撞，使教师产生了开展某一方面教育研究的想法。因此，职教教师容易将文献的范围限定在自己原先掌握的范围内，并认为这些材料足以支撑其研究。他们并不主动寻找和研究与选题相关的文献，而是被动地等待和接受，也因此无法获得系统而准确的文献资料，进而影响研究的质量。

有的教师会在科研过程中使用网络搜索工具，并将其搜索到的一般信息引用到论文中去。虽然通过网站搜索到的资料也是文献，但是其内容的科学性、表达的准确性，甚至信息的真实性都无法得到保障。

这个时候，职教教师就需要使用文献检索工具进行文献检索了。文献检索是指将信息按一定的方式组织和存储起来，并根据信息用户的需要找出有关的信息的过程。因此，根据定义，文献检索首先是一个信息存储的过程。所谓存储是指专门的机构或组织对某些特征文献或特征文献中的知识、信息进行组织、加工、整序，并存储在某种载体上，编制成检索工具或检索系统。正是因为有了这样的专门化的分类检索工具和检索系统，人类的宝贵文献才得以集中保存，职教文献亦是如此。如果职教教师能够找到这些职教文献检索数据库，就相当于找到了职教文献的"宝库"，也就意味着具备了拥有海量职教文献的可能性。

实例 2-2：借助检索工具发现文献

王老师担任中职旅游商贸类专业课教师十多年，对课堂教学评价很有心得体会，并在教学实践中取得了实际效果，想要就"课堂教学评价"这个问题进行课题研究，但除了实践经验外，他并没有其他文献资料可供参考，总觉得相关文献太少。为此，他使用超星图书馆进行检索，发现有 150 本相关书籍。他又使用中国知网进行检索，找到 8277 条结果。

（三）为什么总是找不到需要的文献？

实例 2-3：利用检索工具找到有价值的文献

王老师虽然在超星图书馆和中国知网上查到了大量关于"课堂教学评价"的书籍、论文等文献，但是这些文献数量非常庞大，短时间内不可能全部阅读完。而且这些资料和他所教授的旅游商贸专业也不完全相关，更多的是普通中小学教师的研究成果。面对这么多的文献，他对如何才能找到自己需要的资料束手无策。

更多的时候，困扰职教教师的是"文献太多"的问题，这也是其他研究者经常遇到的问题。正如文献检索的定义所陈述的一样，文献检索不仅仅是指文献存储的过程，还包括文献查找的过程，这也是我们通常意义上所说的文献检索的含义。按照文献检索工具或检索系统提供的检索方法和程序，职教教师就能快速准确地找到需要的文献。因此，文献检索不仅指收集整理海量的文献，还涉及科学的检索方法，为职教教师大大节省文献阅读的时间，提高文献查阅的效率，使职教教师能够花最少的时间和精力获得最有价值的资料，从而为文献综述及研究设计奠定基础。

（四）为什么有了文献还是写不出综述？

文献的获取是文献综述的前提和基础，但是获得了文献也并不意味着就会使用文献和分析文献。正如实例 2-1 所示的文献综述，教师虽然已经有了一定的学术素养，能够进行一般的文献检索与综述，但是他们没有掌握科学的文献检索与综述的程序与方法，导致搜集到的资料不全面，综述的效果不佳，没有发挥文献综述的应有作用。

第二节　职教科研文献检索的程序

文献检索的基本过程是指从职教教师有检索需求开始到确定检索策略，进行检索操作，直到获得检索结果的过程。一般来说，文献检索要经过以下基本过程：分析研究选题，确定检索主题词；根据检索目标，确定检索工具；确定检索策略，进行检索；获取文献，分类保存。

（一）分析研究选题，确定检索主题词

在研究选题确定后，先要对检索课题进行详细的分析，明确研究课题的目的和意义，分析课题涉及的学科范围、主题要求，明确课题所需文献信息的语种、时间范围等。总之，做好检索前的准备工作。

（二）根据检索目标，确定检索工具

不同的检索工具提供不同的检索信息。学术期刊论文数据库主要提供期刊论文，图书馆、电子书数据库主要保存系统论述的专业书籍。因此，如果想要查找最新发表的论文，使用学术期刊数据库进行检索是最高效的办法；如果想要获得专业书籍，就要去图书馆或电子图书馆。职教教师还需要根据自身的检索工具使用习惯选择检索工具（见表2-1）。

表2-1　常用的职教科研文献检索工具

检索工具	来源
常用的图书检索工具	网上书店（亚马逊、当当网） 图书馆（公共图书馆、高校图书馆） 超星读书

检索工具	来源
常用的中文学术数据库	中国知网（CNKI）、维普数据库、万方数据知识服务平台、人大复印报刊资料全文数据库、超星数字图书馆、国家哲学社会科学学术期刊数据库
常用的外文数据库	Elsevier Sciencedirect Proquest Web of Science Springer Online Journals

（三）确定检索策略，进行检索

检索策略将直接影响查全率和查准率。初次检索，一般使用主题检索，查看相关文献的总量和特点。如果检索结果过多，就要进一步限定检索条件，缩小检索范围，提高查准率。如果检索结果太少，则要考虑减少限制条件，或者更换检索主题词，甚至可以通过截词来扩大检索范围，提高查全率。

文献的检索不是一蹴而就的，需要根据初次检索结果及时调整检索策略并补充阅读相关文献。例如，一开始设想研究的主题是"中职学生心理健康"，在检索和阅读文献的过程中发现中职学生心理健康与家庭教育、亲子关系等状态有密切联系。此时，职教教师就可以针对"心理健康与家庭教育"这一主题进行文献检索，对这方面的内容深入探究，有助于为"中职学生心理健康"研究提供有价值的教育教学策略指导。这种情况就是在实践中补充阅读相关文献的表现，在不断地补充阅读中明确研究方向。正如辩论赛中我们提倡"理越辩越明"，在持续辩论中寻求真理。学术研究也是如此，在文献的检索与阅读不断丰富的同时，论据愈发充分，论点愈加清晰。

（四）获取文献，分类保存

检索结果出来后，根据检索结果页面中的文献信息，初步鉴别文献价值，确定是否下载文献，以及下载哪种检索结果。检索结果包括文献全文、文献摘要、参考文献等。职教教师可以根据检索目标和检索条件等将下载的文献分门别类进行保存，当然，也可以通过专业的文献管理软件进行管理，如 EndNote。

实例 2-4：检索"职业教育教师教学创新团队建设"相关论文

步骤 1：分析选题，确定检索主题词是"职业教育""教师""教学创新团队"。

步骤 2：选择中国知网作为文献检索工具。

步骤 3：以"教学创新团队"作为检索主题词进行初步检索，找到1102 条结果。

步骤 4：由于检索结果数量较多，应调整检索策略。以"职业教育""教师""教学创新团队"为题名进行检索，找到 4 条结果。

调整检索策略后，相关文献数量骤降。但是 4 篇参考文献显然太少，需要继续调整检索条件，在精准的前提下扩大检索范围，并查找优质的文献，如将"教学创新团队"替换为"教学团队"，将"职业教育"替换为"职业学校"或"职业院校""中职""高职"，还可以用截词法，将"教学创新团队"裁为"教学创新"和"教师团队"，或"教学"和"创新团队"。不同检索策略的部分检索结果如表 2-2 所示。

表2-2 不同检索策略的部分检索结果示意

序号	检索词	限定条件	匹配条件	检索词关系	检索范围	来源类别	检索结果数量	检索价值
检索策略1	教学创新团队	主题	精准		全库		1102	查全率高
检索策略2	教学创新团队	题名	精准		全库		41	查准率高
检索策略3	教学创新团队	主题	精准		期刊	核心期刊、CSSCI	10	文献质量高
检索策略4	职业教育、教师、教学创新团队	题名	精准	并含	全库		4	查准率高
检索策略5	职业教育、教学团队	题名	精准	并含	全库		13	
检索策略6	职业教育、教学团队	题名	精准	并含	期刊	核心期刊、CSSCI	2	文献质量高
检索策略7	职业教育、教学团队	题名	精准	并含	硕博士优秀论文库		1	文献较为系统

步骤5：根据结果，鉴别文献价值，分类下载保存。一般来说，核心期刊和CSSCI的文献质量较高。因此，检索策略3（见表2-3）和检索策略6的文献需要全文下载，认真阅读。同时，通过这些论文的题目，可以进一步筛选文献。如《运城学院工商管理教学创新团队建设论证会举行》一文的作者是本刊编辑部，从题目看，其是一则新闻，如果要搜集"创新团队建设工作动态"信息则可将其纳入重点参考文献范围；如

果不是，则没有必要下载。又如，《财务报表分析教学创新：团队式实践教学法》的主题是通过财务报表分析教学创新，主要聚焦在财务报表这个专业的教学上，且研究的内容不是教学团队，而是教学法的创新。加之这篇文章是发表在《财会月刊》上的，该月刊是财会专业刊物，不是教育教学刊物，因此可以不作为重点参考文献。

表 2-3　检索策略 3 结果

检索结果
[1] 李梦卿, 陈佩云."双高计划"背景下"双师型"教师教学创新团队建设研究 [J]. 教育与职业 ,2020(8):79-84.
[2] 欧阳波仪, 易启明, 汪炎珍, 等 . 高质量发展视域下高职教师教学创新团队建设研究 [J]. 中国职业技术教育 ,2020(05):88-92.
[3] 隋秀梅, 高芳, 唐敏."双高"背景下高职院校"双师型"教师教学创新团队建设研究 [J]. 中国职业技术教育 ,2020(5):93-96.
[4] 本刊编辑部 . 运城学院工商管理教学创新团队建设论证会举行 [J]. 会计之友 ,2018(1):162.
[5] 田娟 . 智慧教育环境下教学创新团队建设研究 [J]. 中国成人教育 ,2017(3):118-121.
[6] 王冬梅 . 财务报表分析教学创新：团队式实践教学法 [J]. 财会月刊 ,2016(21):125-128.
[7] 葛京凤, 张军海 . 基于特色专业建设的高校院级教学创新团队建设研究 [J]. 河北师范大学学报 (教育科学版),2013,15(10):72-76.
[8] 徐富新, 杨兵初, 周克省, 等 . 建设教学创新团队 打造物理实验精品课程 [J]. 实验室研究与探索 ,2009,28(6):116-118.
[9] 东南大学大学英语教学创新团队 [J]. 东南大学学报 (哲学社会科学版),2008(3):129,131.
[10] 滕利荣, 孟庆繁, 逯家辉, 等 . 高等学校实验教学创新团队建设的思考 [J]. 中国大学教学 ,2008(3):79-80.

第三节 常用的文献检索方法

掌握文献检索方法可以帮助职教教师根据自己的需求快速、准确、高效地检索文献。按照时间顺序来分，常用的检索方法有顺查法和倒查法；按照检索的逻辑来分，包括直接检索法和追溯检索法。

（一）顺查法

顺查法是按照时间发展的顺序由过去到现在查找信息的方法。这种检索方法适用于围绕一个特定的目标检索一定时间内的全部信息。如果研究内容为某一问题的纵向变化，获取的文献应该涉及各年代发表的具有代表性的研究成果。例如，撰写针对某一课题的综述、述评文章，就需要对这一课题的产生、变化、发展有较全面的了解，一般采用顺查法。

（二）倒查法

倒查法又称逆查法、回溯法，指按照现在回到过去的逆向顺序查找信息的方法。这种方法一般用于对一些新课题、新观点、新理论、新技术的信息检索。采用倒查法获取较新信息，往往可以节省时间，查准率较高。

使用电子文献检索系统可以方便地使用顺查法和倒查法。因为这些检索系统一般都具备对检索结果的时间排序功能。图2-1和图2-2就是利用中国知网的"发表时间"排序功能，就"教学创新团队"这一主题的相关文献结果进行顺查和倒查。

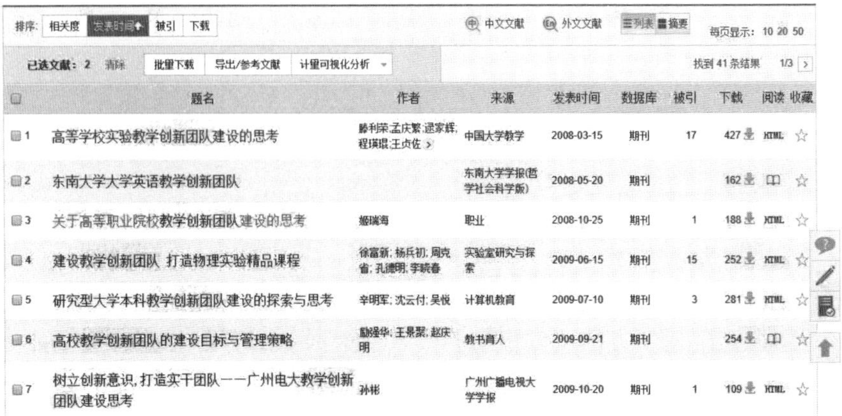

排序: 相关度 发表时间 被引 下载　中文文献　外文文献　列表 摘要　每页显示: 10 20 50

已选文献: 2 清除　批量下载　导出/参考文献　计量可视化分析　找到 41 条结果　1/3

	题名	作者	来源	发表时间	数据库	被引	下载	阅读	收藏
1	高等学校实验教学创新团队建设的思考	滕利荣;孟庆繁;逯家辉;程瑛琨;王贞佐	中国大学教学	2008-03-15	期刊	17	427	HTML	☆
2	东南大学大学英语教学创新团队		东南大学学报(哲学社会科学版)	2008-05-20	期刊		162		☆
3	关于高等职业院校教学创新团队建设的思考	姬瑞海	职业	2008-10-25	期刊	1	188	HTML	☆
4	建设教学创新团队 打造物理实验精品课程	徐富新; 杨兵初; 周克省; 孔德明; 李晓春	实验室研究与探索	2009-06-15	期刊	15	252	HTML	☆
5	研究型大学本科教学创新团队建设的探索与思考	辛明军; 沈云付; 吴悦	计算机教育	2009-07-10	期刊	3	281	HTML	☆
6	高校教学创新团队的建设目标与管理策略	励强华; 王景聚; 赵庆明	教书育人	2009-09-21	期刊		254		☆
7	树立创新意识,打造实干团队——广州电大教学创新团队建设思考	孙彬	广州广播电视大学学报	2009-10-20	期刊	1	109	HTML	☆

图 2-1　中国知网的顺查排序功能

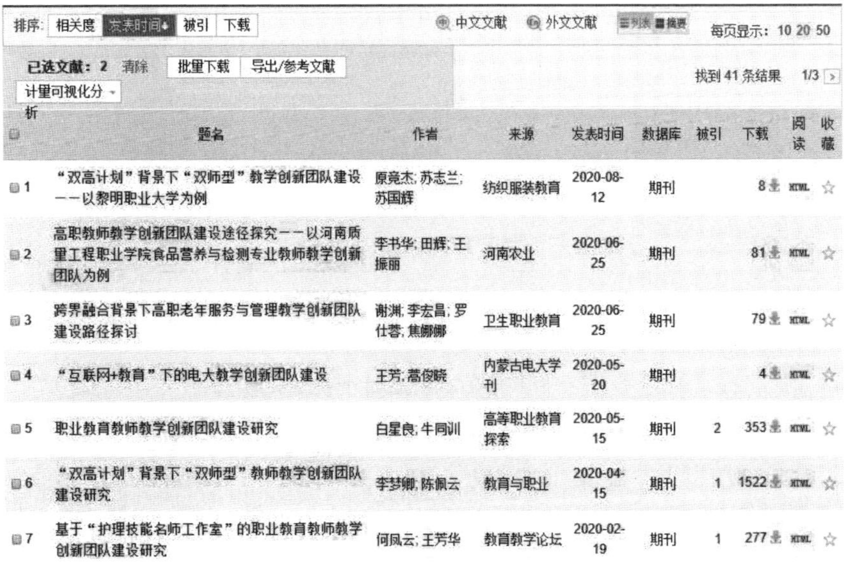

排序: 相关度 发表时间 被引 下载　中文文献　外文文献　列表 摘要　每页显示: 10 20 50

已选文献: 2 清除　批量下载　导出/参考文献　计量可视化分析　找到 41 条结果　1/3

	题名	作者	来源	发表时间	数据库	被引	下载	阅读	收藏
1	“双高计划”背景下“双师型”教学创新团队建设——以黎明职业大学为例	原竞杰; 苏志兰; 苏国辉	纺织服装教育	2020-08-12	期刊		8	HTML	☆
2	高职教师教学创新团队建设途径探究——以河南质量工程职业学院食品营养与检测专业教师教学创新团队为例	李书华; 田辉; 王振丽	河南农业	2020-06-25	期刊		81	HTML	☆
3	跨界融合背景下高职老年服务与管理教学创新团队建设路径探讨	谢渊; 李宏昌; 罗仕蓉; 焦娜娜	卫生职业教育	2020-06-25	期刊		79	HTML	☆
4	“互联网+教育”下的电大教学创新团队建设	王芳; 蒿俊晓	内蒙古电大学刊	2020-05-20	期刊		4	HTML	☆
5	职业教育教师教学创新团队建设研究	白星良; 牛同训	高等职业教育探索	2020-05-15	期刊	2	353	HTML	☆
6	“双高计划”背景下“双师型”教师教学创新团队建设研究	李梦卿; 陈佩云	教育与职业	2020-04-15	期刊	1	1522	HTML	☆
7	基于“护理技能名师工作室”的职业教育教师教学创新团队建设研究	何凤云; 王芳华	教育教学论坛	2020-02-19	期刊	1	277	HTML	☆

图 2-2　中国知网的倒查排序功能

不仅如此，中国知网还推出了计量结果可视化分析的功能，能够直观呈现研究的总体趋势。从图 2-3 中可知，“教学创新团队”相关研究最早出现在 1986 年，只有 11 篇。之后相关研究处于冷淡期，但 2004

年后文献数量逐步攀升，并存在继续上升的趋势。可见，"教学创新团队"研究是个新兴的研究主题，并有发展为研究热点的可能。

ℹ️ **数据来源：** 文献总数：292 篇； **检索条件：**（题名%='教学创新团队' or Title%=xls('教学创新团队'））； **检索范围：总库。**

总体趋势分析

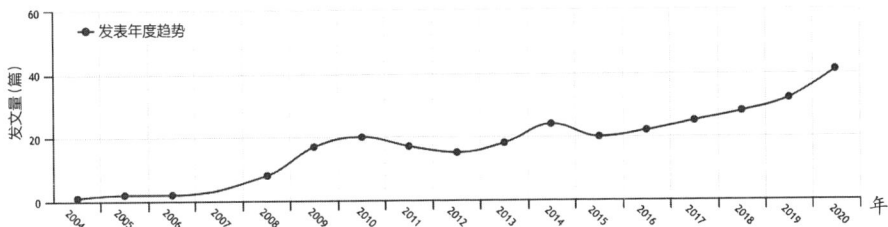

图 2-3 中国知网呈现的"教学创新团队"的研究趋势

（三）直接检索法

直接检索法是指职教教师在没有文献的情况下，直接通过检索工具进行检索，进而获取文献的方法。实例 2-3 就是使用了直接检索法。这种检索方法能够帮助职教教师就某一确定的主题搜集到相关文献，如图 2-4 所示。

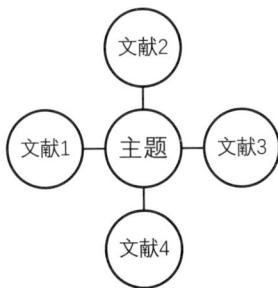

图 2-4 直接检索法

（四）追溯检索法

追溯检索法又称追踪法、开展法、引文法，一般利用原始文献所附的参考文献、脚注和附后索引进一步查找所需信息，再从这些原文后所列的参考文献目录逐一扩大文献信息范围。追溯检索法可以不断追踪，无限开展，直至检索到所需信息为止，如图 2-5 所示。

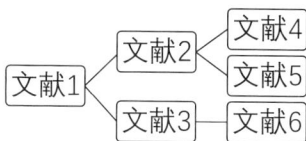

图 2-5 追溯检索法

采用追溯法查找文献，最好选择硕博士论文、综述、评论和其他质量较高的文献作为起点，因其所附的参考文献筛选严格，权威度较高。使用追溯检索法能够帮助职教教师较快地理清某一研究主题的研究脉络，发掘与主题相关的研究领域，便于职教教师拓展检索词范围，更能发掘出与选题相关的重要学术文献。对这些文献的系统阅读也是形成专题性扩展阅读的有效途径，通过系统阅读相关文献，职教教师可以对该领域的问题有整体认知，从而有助于对研究内容的宏观把握。

在实际的文献检索过程中，职教教师应该根据需要选择恰当的检索方法，也可以同时运用多种文献检索方法，以达到最佳的检索效果，最大限度地挖掘与研究选题相关的文献资料，以使文献综述的内容更加全面。例如，通过综合运用多种文献检索方法，获得了 4 类共 22 个与"教学创新团队"相关的文献主题词，如图 2-6 所示。

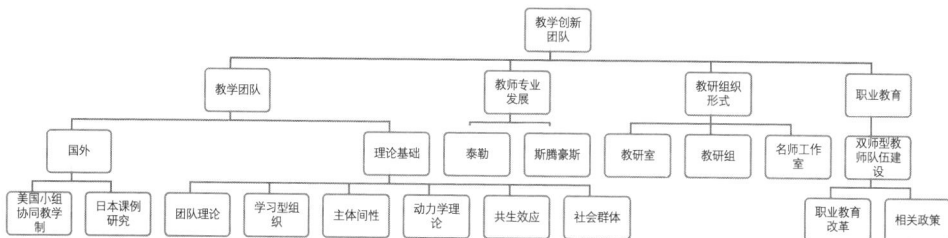

图 2-6 "教学创新团队"的相关文献主题词

第三章

文献检索工具的使用

　　文献检索工具是人们用以报道、存储和查找文献的工具，如图书馆目录、期刊索引、使用电子计算机检索时用的文献数据库等都是检索工具。信息社会中，电子文献检索是科研工作者必备的基础技能之一。中国知网（CNKI）平台、维普数据库、超星发现数据库等常用的中文文献检索平台和ProQuest、Springer Link等外文数据库是当前科研工作者较为常用的电子文献检索工具。职教教师在了解不同检索工具的特点后，可以根据自己的喜好和习惯，选择其中一种或多种检索工具开展职教科研文献检索工作。

第一节　中国知网

中国知网，全称为中国知识基础设施工程（China National Knowledge Infrastructure，简称 CNKI）。中国知网涵盖的数据资源极其丰富，收录的学科范围非常广泛，包含学术期刊、学位论文、会议论文、报纸、图书、专利、年鉴、标准、成果、古籍、法律法规、政府文件、科技报告等多个数据库，收录的文献完整率达到 99.9%。截止到 2019 年 12 月 18 日，中国知网共收录了 60 多个国家和地区的文献资料，全文文献约有 2.8 亿篇，摘要约 3 亿篇，知识元约 82 亿条，是目前使用最为广泛的文献检索平台。目前，中国知网依然保持着每日更新的节奏，中心网站的日更新文献量达 5 万篇以上，已经成为具有国际领先水平的网络出版平台。

中国知网的检索界面十分友好。中国知网提出了全新的资源使用理念、文献检索模式和知识发现体系，通过这些能够更好地理解用户需求，提供更简单的用户操作，实现更准确的查询结果。其常用功能有一框式检索、高级检索、订阅推送、文献导出、跨平台文献分享、文献的计量可视化分析、期刊原版封面和目录打印等。此外，中国知网还提供了知识元检索、引文检索等检索功能和行业知识服务与知识管理平台、研究学习平台、专题知识库等服务平台。值得一提的是，中国知网也提供外文文献检索。目前，中国知网与 60 多个国家及地区的 650 余家出版社进行了版权合作，收录外文期刊 5.7 万余种、图书约 86.6 万种，共计 2 亿余条外文文献，内容涵盖理、工、农、医、人文及社科等各个学科领域。

总之，中国知网是职教教师必须使用的一项检索工具。职教教师进入中国知网，就意味着进入了当前国内文献最全面、功能最强大的职教文献世界。

一、用户登录与访问

（一）打开网站

在浏览器中输入网址 https://www.cnki.net/，打开中国知网数据库检索系统，如图 3-1 所示。用户可以通过页面顶部的检索栏输入关键词直接进行检索，但由于没有登录，缺少访问权限，只能预览摘要、文章来源等部分信息，并且不可下载。

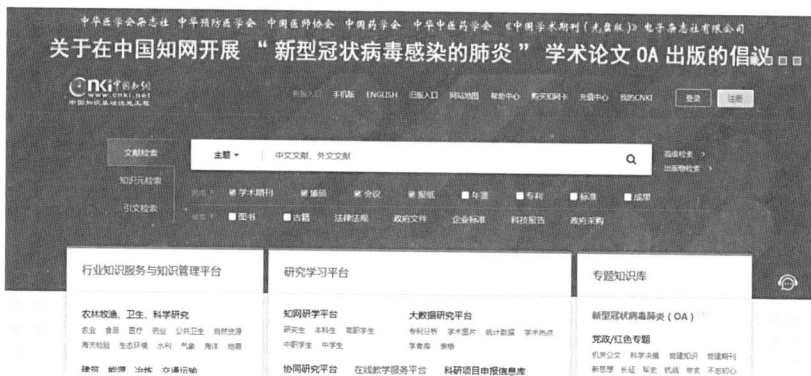

图 3-1　中国知网首页

（二）登录访问

中国知网数据库提供个人用户登录和"IP 用户快速登录"两种登录方式。分别输入用户名和密码，单击"登录"或"IP 登录"按钮即可进入 KDN 默认的跨库检索页面。KDN 一框式检索系统默认为"文献"检索，即包括期刊、博硕士论文、国内重要会议、国际会议、报纸和年鉴的跨库检索。

1. 个人用户登录

个人用户如已注册账号的，直接输入账号和密码，按蓝色"登录"按钮登录。如未进行注册，单击"立即注册"按钮注册后登录，如图 3-2 所示。

图 3-2　个人用户登录

2. IP 用户快速登录

如果是从购买过中国知网数据库服务的机构内网登录，或者使用机构外网但已连接了机构的 VPN 服务的，可使用"IP 用户快速登录"服务。该方法使用非常简单，直接点击 IP 登录的红色图标即可登录，如图 3-3 所示。

图 3-3　"IP 用户快速登录"

3. 下载浏览器

如果初次使用中国知网资源平台，需特别注意的是，中国知网全文浏览有 HTML、CAJ 和 PDF 格式，其中 HTML 为网页版的格式，可以直接打开，在浏览器上阅读文献。而对于 CAJ 和 PDF 格式文件，需先下载 CAJ 全文浏览器或 Adobe Acrobat 浏览器再阅读，如图 3-4 所示。一般而言，CAJ 全文浏览器比 Adobe Acrobat 浏览器的功能更强，建议使用 CAJ 全文浏览器。

图 3-4　检索结果的 3 种浏览格式

二、一框式检索

初次使用中国知网资源库查考资料，可先从入门级的一框式检索开始。一框式检索会对用户输入的短语进行一系列自动分析，从而预测读者的需求和意图，给出更全面且丰富的检索结果。中国知网提供的检索语言有中文版和英文版两种，如在中文版输入英语，其可自动将英文翻译成相关中文后进行搜索。

（一）一次检索

一框式检索栏在中国知网的首页，在检索栏中输入检索词，点击搜索图标，即可开始检索。这种检索也叫作一次检索，如图 3-5 所示。

图 3-5 一框式检索栏

虽然一框式检索的操作简单，但检索结果可能没有那么精准，最后可能会检索出成千上万条结果，如以"核心素养"为检索词进行主题检索就得到了 40 114 条结果，如图 3-6 所示。此时就需要分组浏览，对检索结果进行筛选或者二次检索。

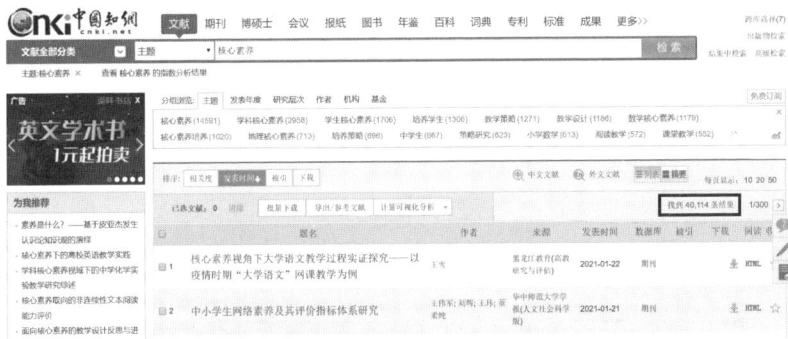

图 3-6 一框式检索结果

（二）筛选检索结果

通过分组浏览对一框式检索的结果进行筛选，即进一步限定检索的研究主题、发表年度、研究层次、作者、机构、基金，从而得到精确的检索结果。

实例 3-1：通过分组浏览的"主题"筛选"核心素养"相关文献

在"主题"项检索字段中输入检索词"核心素养"，利用一框式检索，得到 40 114 条结果，这当然是看不完的，所以要设定分组浏览。如选择"分组浏览"中的"主题"下的"语文核心素养"主题，得到410条检索结果，如图3-7所示。

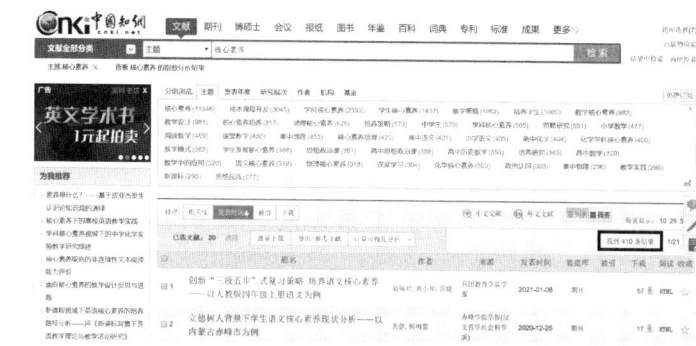

图3-7　使用分组浏览搜索的结果

（三）在结果中检索

在结果中检索就是二次检索，其是在一次检索结果的范围内进行检索。

实例3-2：在"核心素养"的检索结果中检索出与"职业教育"相关的文献

在图3-7的检索结果页面的检索栏中输入"职业教育"，点击检索栏右侧的"结果中检索"，得到的检索结果如图3-8所示。

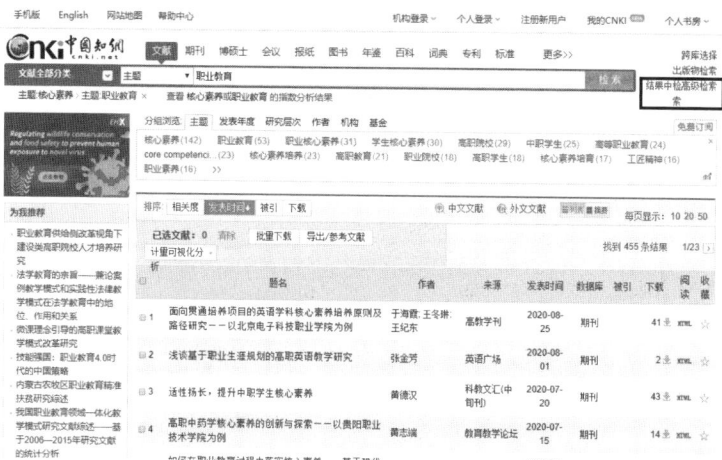

图3-8　"核心素养"主题的二次检索结果

三、高级检索

通过中国知网的高级检索功能，可以精确检索相关文献。在知网首页的检索栏右侧点击"高级检索"，如图3-9所示，即可进入高级检索界面。

图3-9 中国知网首页的"高级检索"

单库检索默认的检索方法为"高级检索"。中国知网提供了5种检索模式，包括多项双词逻辑组合检索、双词频控制、提供模糊或精准检索选项等，如图3-10所示。

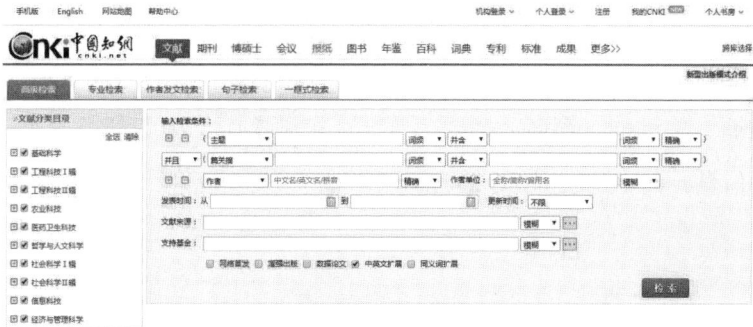

图3-10 高级检索界面

（一）高级检索说明

1. 多项双词逻辑组合检索

多项是指可选择多个检索项，即单击"输入检索条件"下方的"＋"

或"－"按钮，可增加或减少一个检索项；双词是指一个检索项中可输入两个检索词（在两个输入框中输入），对每个检索项中的两个词，用布尔逻辑进行关系限定——"或含、并含、不含"3种关系，每个检索项中的两个检索词可使用不同的词频；逻辑是指每一项检索之间可使用逻辑"与"、逻辑"或"、逻辑"非"进行项间组合，这3种逻辑关系的优先级相同，即按先后顺序进行组合，如图3-11所示。

图 3-11　多项双词逻辑组合检索界面

2. 检索字段

在组合式检索框中，通过下拉菜单选择检索字段，具体包括主题、篇关摘、关键词、篇名、摘要、全文、被引文献、中图分类号、DOI、栏目信息，共10项，如图3-12所示。

图 3-12　下拉列表中显示的检索字段

常用的有主题、篇关摘、关键词。其中，前5个字段还可限制词频。词频表示该检索在相应检索字段中出现的频次。通过限制字段，可缩小/扩大检索范围，通过字段组合（主题*篇关摘*第一作者）进行特定检索。各检索字段的含义如下：

①主题：为系统默认的检索字段，检索范围为中英文篇名、中英文关键词、中英文摘要。

②篇关摘：在文献的篇名、关键词与摘要范围内检索。

③关键词：在关键词字段中检索，包括作者给出的中英文关键词及机标关键词。

④篇名：在文章篇名中检索。

⑤摘要：在中英文摘要中检索。

⑥全文：在文章正文中检索。

⑦被引文献：在被引用的文献中检索。

⑧中图分类号：可用《中图法》中分类号检索，如B82。

⑨DOI：以DOI（数字对象唯一标识符）原有形式进行检索，如10.16476/j.pibb.2015.0339。DOI是一套识别数字资源的机制，它相当于文献的数字身份证，保证了在网络环境下对文献的准确提取，有效地避免重复。

⑩栏目信息：用期刊的栏目名检索，如图书馆史。

高级检索还提供了更多的组合条件，如作者、作者单位、来源期刊、来源类别、支持基金及时间范围等。

（二）高级检索实例

1. 检索特定时间段内的主题文献

实例3-3：检索2019—2020年"职业学校'三教'改革推进策略"相关文献

步骤1：打开高级检索页面。

步骤2：选择检索字段为"主题"。

步骤3：确定检索词和逻辑关系。根据选题要求，确定"主题"的检索标识为"'三教'改革""策略"，逻辑关系为"并含"。

步骤4：将检索年限设定为"2019—2020"。

步骤5：将检索标识输入相应检索框中，单击"检索"按钮即可得到检索结果。

具体如图3-13所示。

图3-13　按主题和年限进行检索及其结果

2. 检索特定来源的主题文献

实例3-4：检索高质量的与"构建服务全民的终身学习教育体系的职业教育使命研究"相关的文献

步骤1：打开高级检索页面。

步骤2：选择检索字段为"主题"。

步骤3：确定检索词和逻辑关系。根据选题要求，确定检索标识为"全民的终身学习教育体系""终身教育体系""成人教育体系"。在第一行中输入"全民的终身学习教育体系"和"终身教育体系"，逻辑关系为"或含",第二行输入"成人教育体系"。

步骤4:来源类别选择"核心期刊""CSSCI"。

步骤5:将检索标识输入相应检索框中,单击"检索"按钮即可得到检索结果。

具体如图3-14所示。

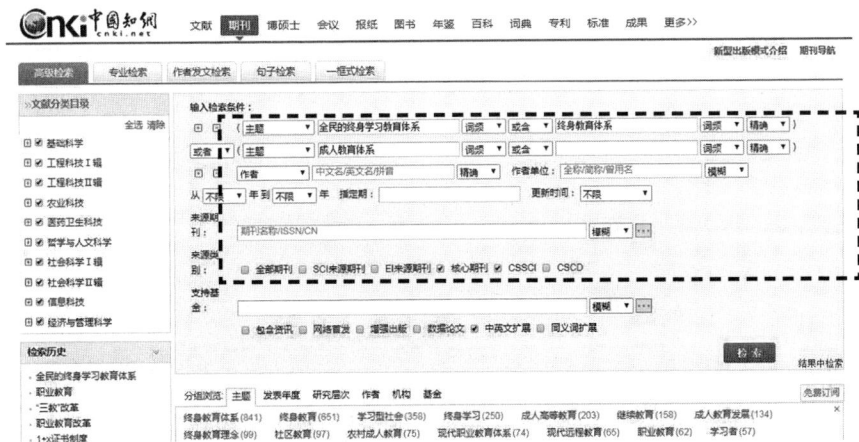

图3-14　按主题和来源类别进行检索及其结果

3. 检索引用率高的主题文献

实例3-5:检索引用率较高的2018—2020年与"职业学校专业群建设的机理与逻辑"相关的文献

步骤1:打开高级检索页面。

步骤2:检索字段为"主题""篇名"。

步骤3:确定检索词和逻辑关系。根据课题要求,确定检索标识为"专业建设""机理""逻辑"。第一行选择"主题"这一检索字段,输入"专业建设";第二行选择"篇名"这一检索字段,输入"机理"和"逻辑",逻辑关系为"或含"。

步骤4:将检索年限设定为"2018—2020"。

步骤 5：在文献分类目录中选择"社会科学Ⅱ辑"下的子目录"职业教育"下的"教学理论、教学法"，进一步缩小检索范围。

步骤 6：在"排序"栏中单击"被引"按钮进行排序，进一步提高检索文献的质量。

步骤 7：将检索标识输入相应检索框中，单击"检索"按钮即可得到检索结果。

具体如图 3-15 所示。

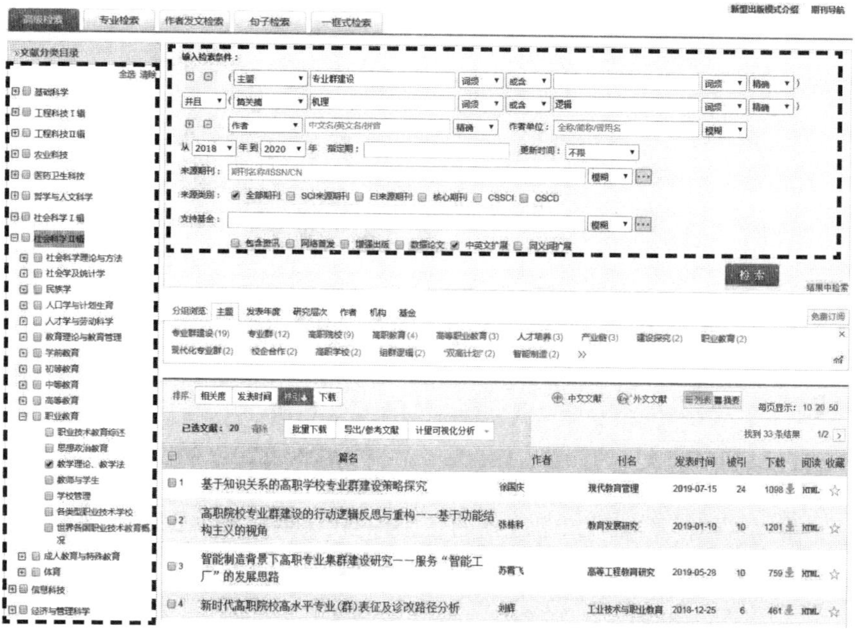

图 3-15　按主题、篇名和排序进行检索及其结果

四、出版物检索

出版物检索，顾名思义是为了更方便直接地检索出版文献。出版物检索的出版来源导航主要包括期刊、学位授予单位、会议、报纸、年鉴和工具书的导航系统，如图 3-16 所示。每个产品根据各自独有的特色

设置不同的导航系统。每个产品的导航内容基本覆盖自然科学、工程技术、农业、哲学、医学、人文社会科学等各个领域，囊括了基础研究、工程技术、行业指导、党政工作、文化生活、科学普及等各种层次。

图 3-16　出版物检索按钮

实例 3-6："职业教育"核心期刊检索

步骤 1：点击"出版物导航"后的箭头，选择"期刊导航"，如图 3-17所示。

图 3-17　选择期刊导航

步骤 2：在新出现的界面中，选择页面左侧的"核心期刊导航"目录下的"第三编　文化、教育、历史"子目录下的"职业技术教育/自学"，如图 3-18 所示。

图 3-18　选择"职业技术教育 / 自学"

步骤 3：得到 8 条"职业教育"核心期刊的检索结果，如图 3-19 所示。

图 3-19　"职业教育"核心期刊检索结果

五、知识元检索

知识元是指不可再分割的具有完备知识表达的知识单位。从类型上分，知识元包括概念知识元、事实知识元和数值型知识元等，其是显性知识的最小可控单位，如词典中的词条，统计报告中的具体数据。在文献综述或论文写作中，选择"词典""工具书""概念"等进行概念知识元检索可以方便职教教师定义核心概念，选择"统计数据""指数"可以获取准确而权威的数据。用户可以通过如图3-20所示的检索框左侧的"知识元检索"按钮进入知识元检索页面。

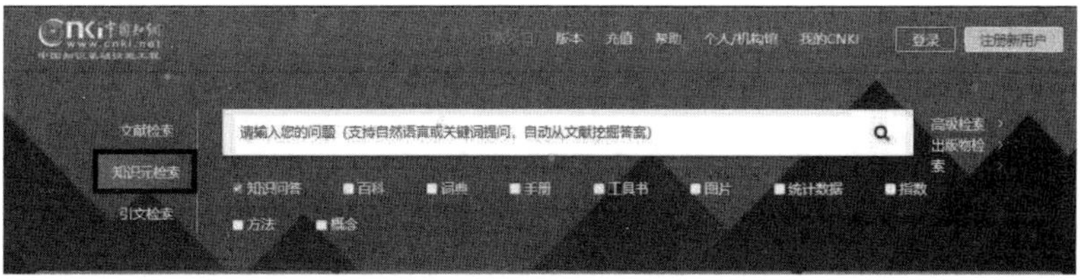

图 3-20　知识元检索页面

实例 3-7：查找"职业教育"的定义

在知识元检索框中输入"职业教育"，勾选"词典"，点击搜索图标，检索结果如图 3-21 所示。检索结果显示了"职业教育"在知网词典和工具书总库中的相关定义。

图 3-21 "职业教育"定义的知识元检索

六、引文检索

引文检索是指对文章的参考文献进行检索，其是从学术论文中引证关系入手进行检索的一种方法。文献的相互引证直接反映学术研究之间的交流与联系。引文检索的目的主要有两种：一是为了查询具有引文关系的文献信息线索，了解文献之间的内在联系，可以协助职教教师快速掌握研究主题的历史、发展和动态，分析研究文献的学术影响，把握研究趋势。二是为了进行论文评价和学术评价。目前，我国有关人员进行引文检索多数出于评价的目的。用户可以通过如图 3-22 所示的检索框左侧的"引文检索"按钮进入引文检索页面。

图 3-22 引文检索页面

七、检索结果处理

（一）题录选择

"题录"是指文献的基本信息，包括题名、作者、关键词、作者机构、文献来源等。选择保存题录是指当获得检索结果后，若需要将检索结果的题录保存以供他用时，可在检索结果的简单页面上选择条目进行保存。题录选择分为全选和单选两种情况。

1. 全　选

单击检索结果篇名左侧的方框，勾选当前页上的全部文献记录。再次单击篇名左侧的方框，将取消前次所选文献记录，如图 3-23 所示。

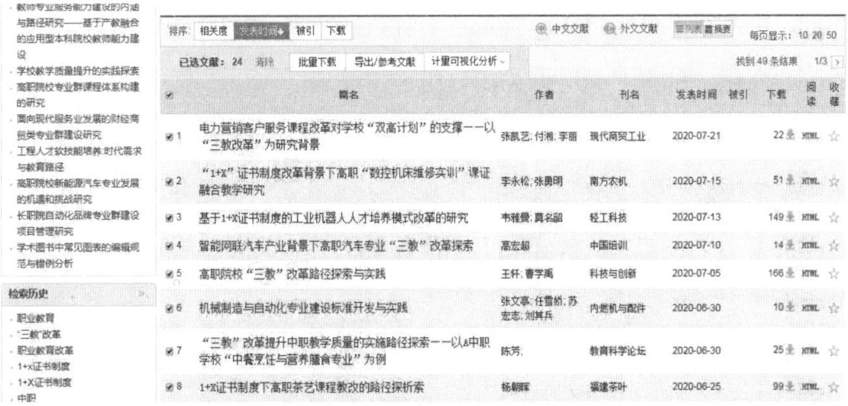

图 3-23　当前页面上题录全选

2. 单　选

分别勾选题名前的方框，选择需要保存的记录，具体如图 3-24 所示。

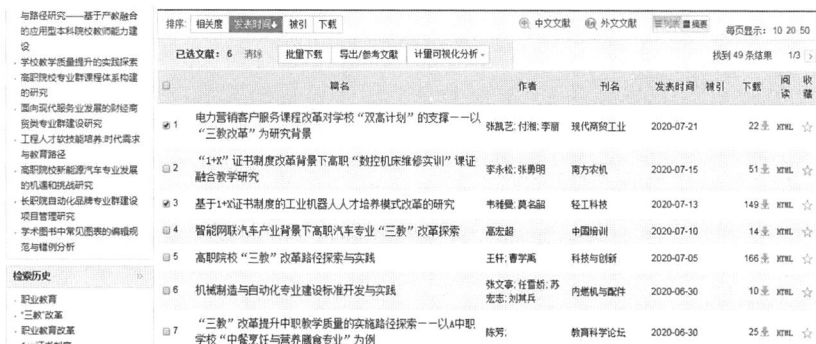

图 3-24　题录单选

（二）分组浏览

在检索结果页面的"分组浏览"中，可选择主题、发表年度、研究层次、作者、机构、基金进行二次检索。检索结果中会显示相关的分组详细情况，且分组中若含年份，则默认展开，并且每一个分组后面都显示了该组的数量。单击某个分组之后，背景色为红色（表示选中），下方结果则发生相应的变化。单击"×"可关闭分组详情显示。

实例 3-8：分组浏览"'三教'改革"相关文献

选择检索"'三教'改革"，在"分组浏览"中选择"主题"进行二次检索，单击"职业教育"（背景色变红）缩小检索范围，如图 3-25 所示。

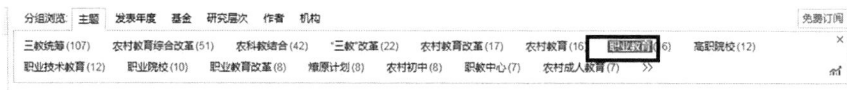

图 3-25　选择"主题"的分组浏览界面

（三）排　序

当然，职教教师也可以对检索的条目进行相关度、发表时间和被引用次数和下载次数的排序，进而准确找到想要的文献，如图3-26所示。

图 3-26　对检索结果进行时间排序

实例 3-9：利用"被引"排序功能检索高质量的"'1+X 证书'制度"相关文献

输入检索词"'1+X 证书'制度"，出现 414 条检索结果，当然不是所有的论文都值得参考。为了寻找更高质量的文献，可以运用"排序"功能，单击"被引"按钮，将 414 条检索结果进行被引用数量的先后排序，如此就能找到需要的高质量文献，如图 3-27 所示。

图 3-27　基于"被引"功能进行排序的结果

（四）导出参考文献

中国知网提供了参考文献导出功能，方便用户在文献综述时标注引用文献。在选择好保存的文献记录后，单击题录上方的"导出/参考文献"按钮，则系统显示默认的 CAJ-CD 格式引文（另外还有查新格式、Refworks、EndNote、NoteExpress、NoteFirst、自定义格式等）。如果要改变题录保存格式，可选择其中的任意一种，则会显示相应的格式题录信息，如图 3-28 所示。

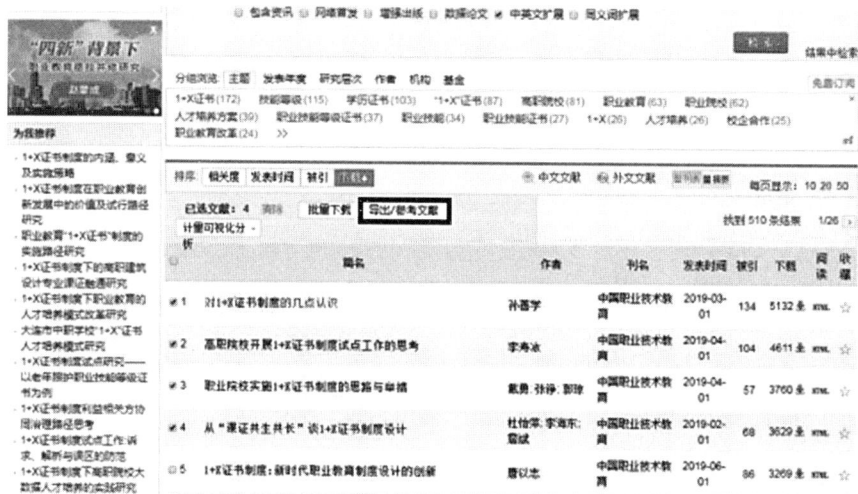

图 3-28　导出参考文献

当选择最下面的"自定义"时，则系统提供以下输出字段供选择：SrcDatabase– 来源库、Title– 题名、Author– 作者、Organ– 单位、Source– 文献来源、Keyword– 关键词、Summry– 摘要、PubTime– 发表时间、FirstDuty– 第一责任人、Fund– 基金、Year– 年、Volume– 卷、Period– 期、PageCount– 页码、CLC– 中图分类号。勾选输出字段后，再单击"预览"，系统会以一定格式显示自定义输出项，如图 3-29 所示。

图 3-29　自定义格式

（五）检索结果的计量可视化分析

文献的计量可视化分析是根据文献检索结果，快速直观地呈现某一研究主题的研究趋势、研究重点、研究分布等情况，帮助职教教师快速掌握研究主题的总体情况。中国知网的计量可视化分析操作十分便捷，分析维度多样，可视化效果强大。

实例 3-10："专业群建设"期刊文献的计量可视化分析

在勾选需要进行计量可视化分析的文献后，单击"计量可视化分析"按钮，选择"已选文献分析"，如图 3-30 所示。

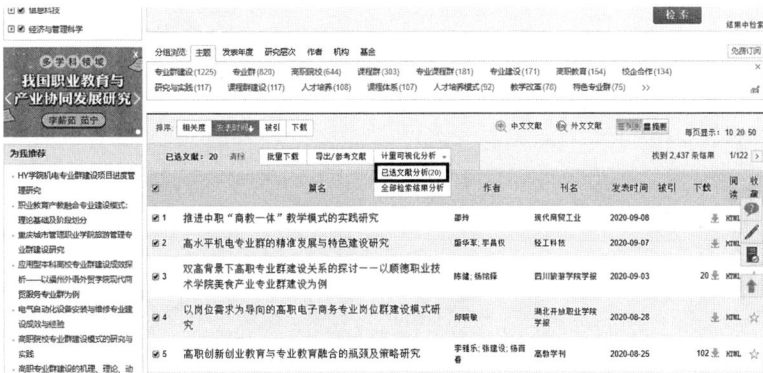

图 3-30　计量可视化分析操作

　　"专业群建设"期刊文献的计量可视化分析结果包括指标分析、总体趋势分析、关系网络分析、分布分析四大类,如图3-31、图3-32、图3-33所示。

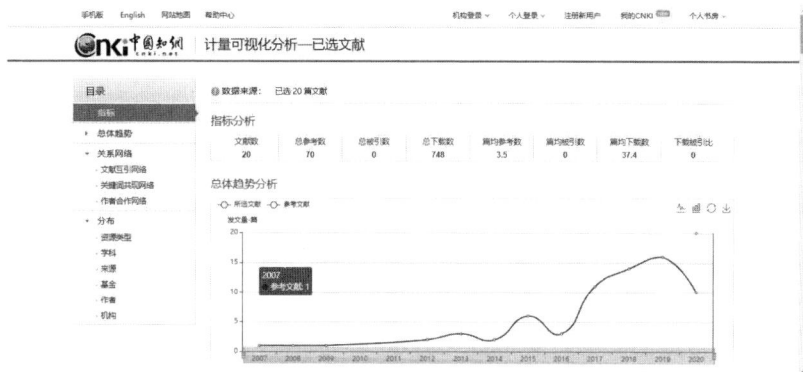

图 3-31　计量可视化分析结果界面（1）

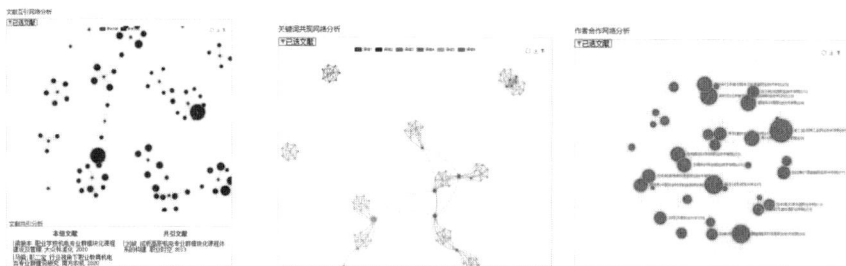

图 3-32　计量可视化分析结果界面（2）

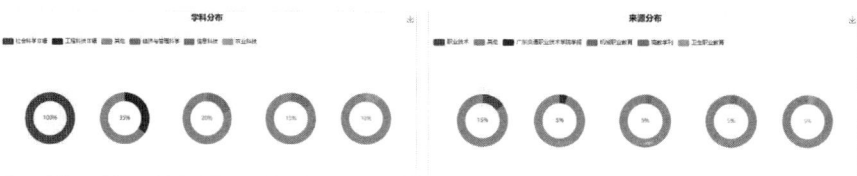

图 3-33　计量可视化分析结果界面（3）

（六）全文下载、在线预览、关注与分享

只有正常登录的用户才可以下载保存和在线预览文献全文。系统提供两种途径下载浏览全文：一是从检索结果页面（概览页），单击题名后的下载标志下载浏览 CAJ 格式全文或单击 **HTML** 在线浏览全文；二是从知网节（细览页），单击"CAJ 下载"和"PDF 下载"按钮，可分别下载浏览 CAJ 格式、PDF 格式全文，也可以单击"HTML 在线浏览"按钮在线浏览全文。

1. 从检索结果页面下载和预览

可以通过单击检索结果页面的下载标志，下载 CAJ 格式的文献全文，也可以单击"HTML 阅读"直接在线阅读文献全文，如图 3-34 所示。

图 3-34　检索结果概览页的下载和预览

2. 从知网节页面下载和预览

在检索结果的页面中，单击文献的题目，则进入知网节页面，即提供单篇文献的详细信息和扩展信息浏览的页面。在知网节页面中单击"HTML 阅读"可以在线阅读文献全文，单击"CAJ 下载""PDF 下载"

分别可以下载相应格式的文献全文。另外，知网节不仅包含了单篇文献的详细信息，还是各种扩展信息的入口汇集点，如图 3-35 所示。

图 3-35　知网节页面的下载和预览

3.分享与创建引文跟踪

单击知网节页面中的"分享"按钮，可将该篇文献分享至新浪微博、腾讯微博等新媒体平台。单击知网节页面中的"创建引文跟踪"按钮，可订阅本篇文献的更新情况，包括被引和下载情况，并以邮件和短信的形式发送给用户，如图 3-36 所示。

图 3-36　分享与创建引文跟踪

4. 期刊原版封面和目录打印

单击期刊数据库检索页面右上方的"期刊导航"按钮,如图3-37所示,可检索或按类(网络首发、独家授权)浏览期刊的基本信息,按期查找期刊文章,还可以打印期刊原版封面和目录。

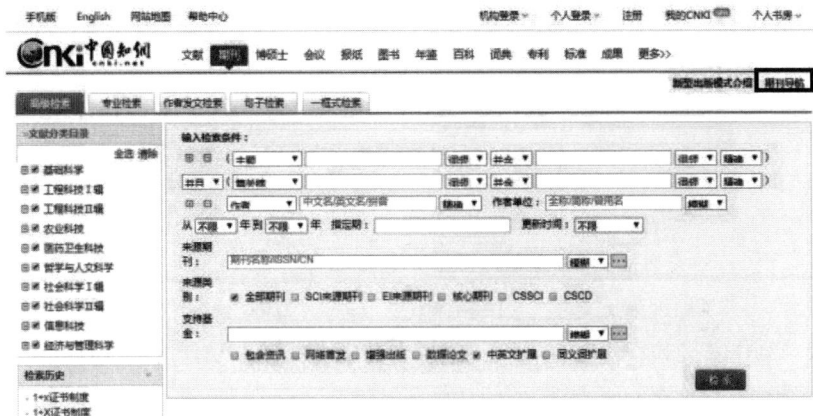

图3-37 期刊原版封面和目录打印入口

七、中国知网研学平台

(一)研学平台简介

知网研学平台是以搭建个人探究式学习环境为核心,以提高用户自主学习和创新能力为目标,集"汇、读、写"于一体的个人终身式学习平台。该平台分研究生、本科生、高职学生、中职学生、中学生等几种类型,利用XML碎片化、知识重组、知识网络构建等技术,提供汇聚资源、理解知识、创作表达、选刊投稿、知识管理、协作交流等多样化学习功能,改变传统静态的阅读方式,开启动态、交互、图谱化的阅读模式,服务个人知识学习与管理,从而构建个人知识结构,实现知识创新,如图3-38所示。

图 3-38　研学平台思维导图

该平台提供 WEB 版、PC 端、移动端（APP、PAD、小程序），可随时随地实现云同步，满足在不同场景下的学习需求。

（二）平台登录

1. 打开知网研学

推荐浏览器：优先推荐使用谷歌、火狐、360 极速等对 HTML5 新特性兼容性好的浏览器。知网研究学习平台有两种登录方法：一是通过中国知网首页，点击"研究学习平台"，如图 3-39 所示；二是在检索栏输入 https://x.cnki.net/search，再检索。

图 3-39　知网研究学习平台首页

2. 登录／注册

新用户单击右上角"登录／注册"按钮，根据提示进行注册；老用户输入知网账号密码进行登录，如图 3-40 所示。

图 3-40 登录／注册

（三）资源管理

1. 研读学习——归纳管理个人素材

单击平台左侧功能栏的"研读学习"按钮，进入研学平台，如图 3-41 所示。

图 3-41 进入研学平台

2. 创建专题

在左侧"研读学习"模块，可以新建自己的专题（类似于电脑的文件夹），通过专题进行文献收集和管理，如图 3-42 所示。在自己创建的专题内部，可以添加索引及本地上传需要添加的文献。

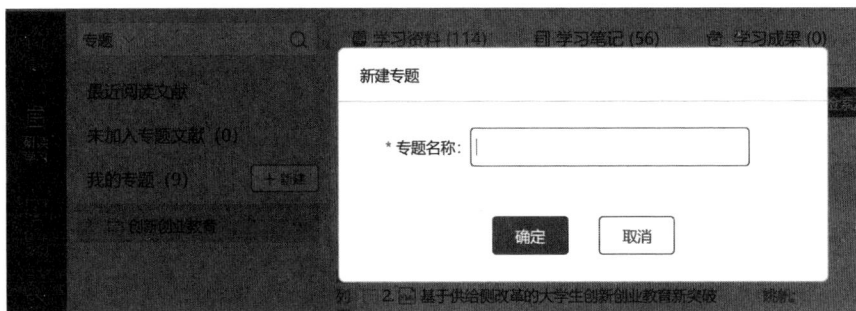

图 3-42　创建专题

3. 添加检索

通过专题上方的检索添加，如图 3-43 所示，可以直达知网五大核心资源库检索文献，再直接勾选就可以将文献批量引用到专题中，如图 3-44 所示。

图 3-43　添加检索

图 3-44 批量引用到专题

4. 本地上传

电脑中本地的文献资料等可以上传到研学平台进行统一管理，如图 3-45 所示，并且可以在平台中对文献进行阅读及画线等操作。

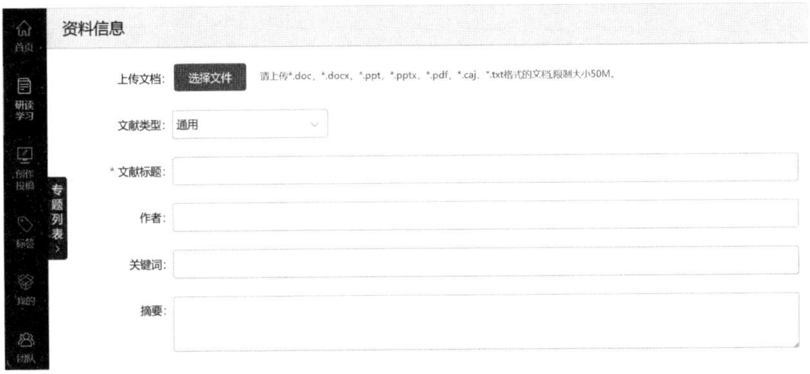

图 3-45 "本地上传"操作页面

5. 文献查找及管理

用户可以在专题内部检索需要的文献，也可以由系统帮助推荐文献，并对专题内文献进行分组筛选，如图 3-46、图 3-47、图 3-48 所示。

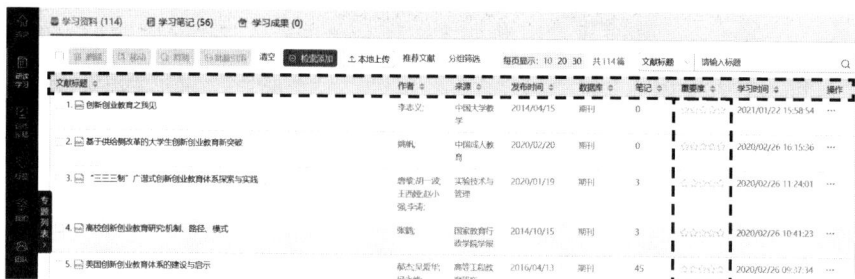

图 3-46　文献查找及管理界面

图 3-47　系统推荐文件

图 3-48　文献分组筛选

（四）阅读文献

1. 打开文献

用户可以在知网研学专题中点开文章，如图 3-49 所示；也可以在文献检索结果界面中点开文章，单击"记笔记"按钮即可，如图 3-50所示。

图 3-49　在专题中点开文章

图 3-50　在文献检索结果界面中点开"记笔记"

2. 阅读目录大纲

如图 3-51 所示，页面左侧为目录功能栏，为在线阅读文献的目录结构的基本信息。单击 （选项）按钮，可对目录进行操作，主要功能包括显示笔记标签、折叠全部目录、查看文献结构导图、目录保存为写作大纲等。

图 3-51　阅读目录大纲

3. 阅读及画线做笔记

用户在阅读相关文献时，可以单击鼠标左键选中相关文字，系统自动会跳出辅助阅读的工具条。该工具条的主要功能有划线、高亮、笔记、摘录、工具书搜索和复制等。另外，单击"笔记"按钮，系统会自动跳出"添加笔记"的功能条，职教教师可以根据自己的阅读心得添加笔记，如图 3-52 所示。

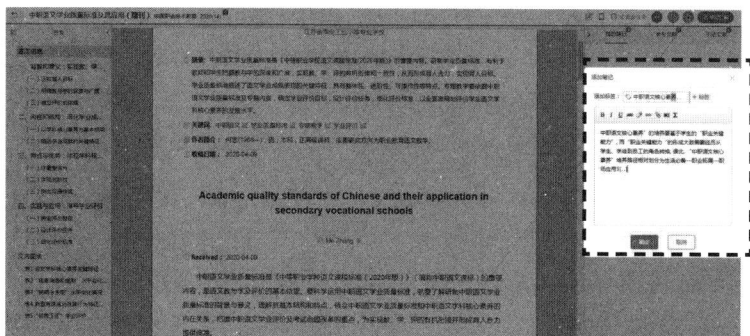

图 3-52　研学平台做笔记功能框

单击"摘录"按钮，系统会自动跳出"我的摘录"功能条，职教教师可以将文献中的好词好句挑选出来保存在功能条中，如图 3-53 所示。

图 3-53　研学平台摘录功能框

如果遇到看不懂的词句，职教教师可以直接选中文字，单击"工具书搜索"按钮，查询文字的意思，如图 3-54 所示。

图 3-54　研学平台"工具书搜索"

4. 笔记汇编

对于单篇文章的所有笔记，可以一键汇编成文档进行编辑，如图

3-55 所示。

图 3-55 研学平台"笔记汇编"功能栏

5. 参考文献

如图 3-56 所示的页面右侧功能栏，主要呈现我的笔记、参考文献和引证文献等功能，职校教师可以在此功能栏中查询自己做过的笔记，如遇到不明白的地方，先看这句话是否引用自其他文献。若是，通过研学平台右侧的功能栏中的参考文献功能，点击对应的条目，不仅可以找到字句出处，还可以阅读全文，帮助读者更加全面地了解其含义。

图 3-56 研学平台"参考文献"功能栏

（五）在线创作

1. 思维导图

在如图 3-57 所示的页面左侧"创作投稿"模块，可以创建思维导图，构建内容框架，激发创作灵感。

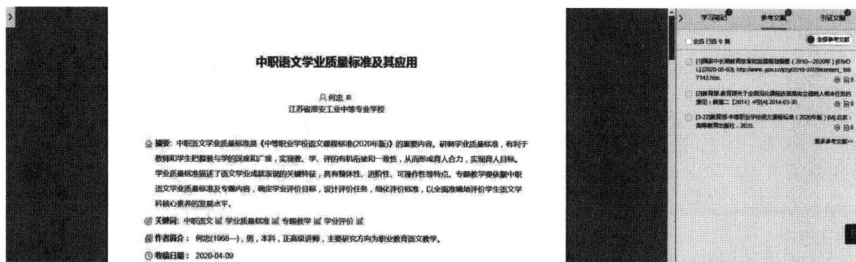

图 3-57　创建思维导图

2. 文档创作

在如图 3-58 所示的页面左侧"创作投稿"模块，单击"新建"按钮可以创建文档。

图 3-58　点击新建文档

3. 模板创作

针对模板，可以从本地上传，也可以使用思维导图生成，如图 3-59
所示。

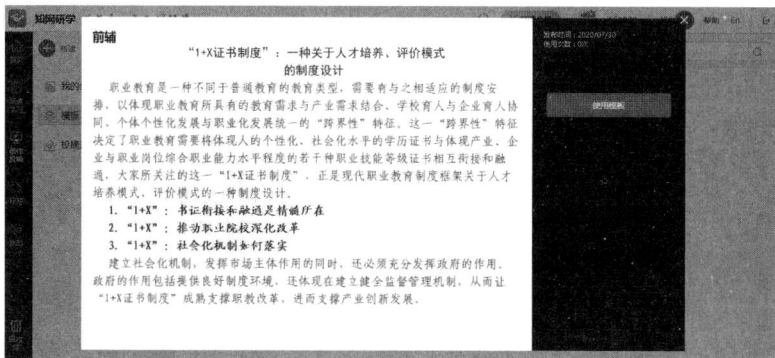

图 3-59　本地上传模板

4. 创作界面

文档创作分目录区、创作区、素材区 3 个区进行，可以通过目录区
跳转内容，通过素材区实时添加内容，再通过创作区进行编写，如图 3-60
所示。

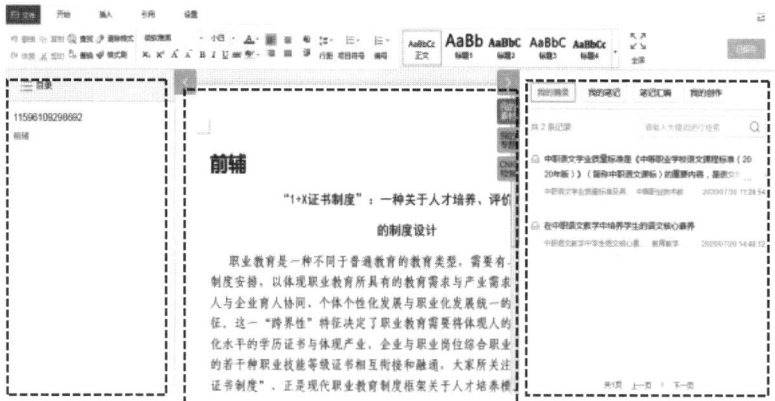

图 3-60　创作界面

5. 文摘添加

单击如图 3-61 所示页面右侧"我的摘要"模块后，再单击"添加"按钮，即可将文摘一键添加到左侧创作中。

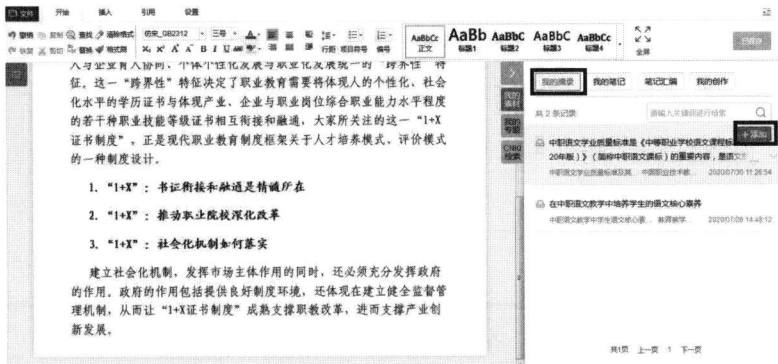

图 3-61　一键添加文摘

6. 添加笔记

单击如图 3-62 所示页面右侧"我的笔记"模块，再单击"添加"按钮，即可将笔记一键添加到左侧创作中。

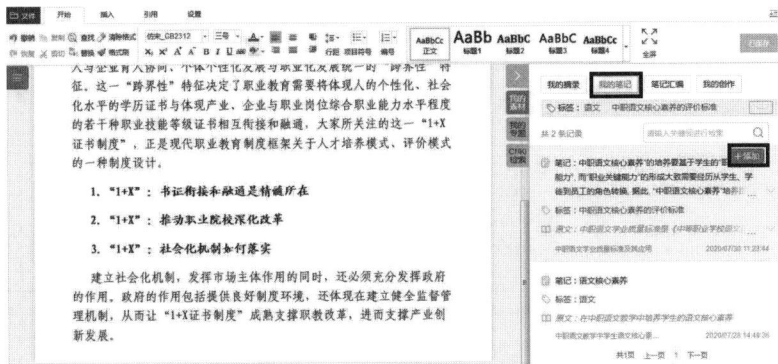

图 3-62　一键添加笔记

7. 自动生成参考文献

该系统可自动添加应用关系，双击标注数字便会弹出"引用信息"功能栏，即可修改相关信息，如图 3-63 所示。

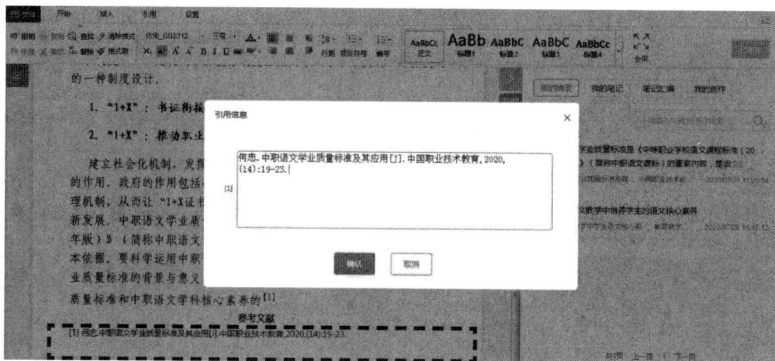

图 3-63　自动生成参考文献

8. 在线检索添加

通过如图 3-64 所示的页面右侧的"CNKI 检索"可以检索在线文章，还可以边读边添加其中的内容。

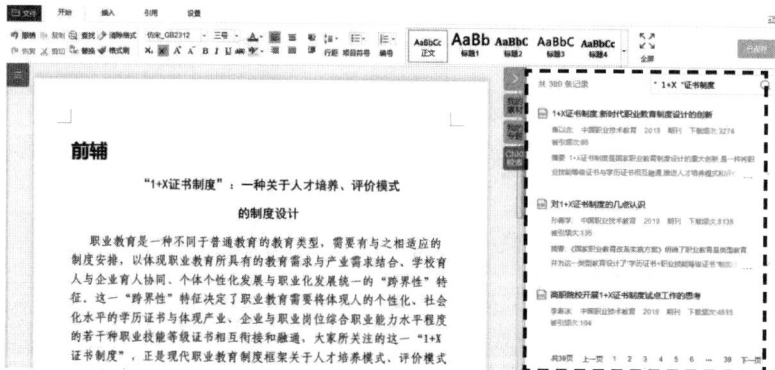

图 3-64　在线检索添加

（六）管理个人知识

通过"我的摘录"模块，可以管理自己的知识碎片。系统收录了知网研学阅读过程中的所有文摘笔记后，用户可以使用此功能模块管理摘录笔记，如图 3-65 所示。

图 3-65　"我的摘录"模块界面

用户还可以通过"记事本"模块建立记事本，将琐碎信息统一收录在其中，如图 3-66 所示。

图 3-66　建立记事本

使用"我的成果"模块,可以统一管理自己汇编的文档及创作的内容,如图 3-67 所示。

图 3-67　所有笔记汇编

第二节　维普数据库

重庆维普资讯有限公司（以下简称维普公司）是中国最早进行中文期刊数据库研究的机构之一，其前身为中国科技情报研究所重庆分所数据库研究中心。作为中国数据库产业的开拓者，该数据库研究中心自主研发并推出了中文科技期刊篇名数据库，成为中国第一个中文期刊文献数据库，也是中国目前最大的自建中文文献数据库。

针对全国高等院校、公共图书馆、企业、医院、党政机关、情报研究机构等各类用户的需求，维普公司又陆续推出了中文科技期刊数据库、中文科技期刊数据库（引文版）、中国科技经济新闻数据库、中国科学指标数据库、智立方文献资源发现平台、中文科技期刊评价报告、中国基础教育信息服务平台、外文科技期刊数据库、维普 –google 学术搜索平台、图书馆学科服务平台、文献共享服务平台、维普期刊资源整合服务平台、维普机构知识服务管理系统、维普考试资源系统、文献共享平台、维普论文检测系统等系列产品，受到了用户的广泛赞誉。经过多年的商业运营，维普网已成为全球著名的中文专业信息服务网站和中国最大的综合性文献服务网站。

一、用户登录

（一）打开网站

在浏览器中输入网址 http://www.cqvip.com/，确认后打开维普数据库检索系统，如图 3-68 所示。此时用户即可以通过页面顶部的检索栏输入关键词直接进行检索，但由于没有登录，缺少访问权限，只能预览摘要、文章来源等部分信息，并且不可下载。

图 3-68　维普数据库首页

（二）个人用户访问

维普数据库提供个人用户账户登录和"IP 用户快速登录"两种登录方式。个人用户如已注册过账号，可直接输入账号密码登录。如未注册，单击"立即注册"按钮注册后便可登录，如图 3-69 所示。

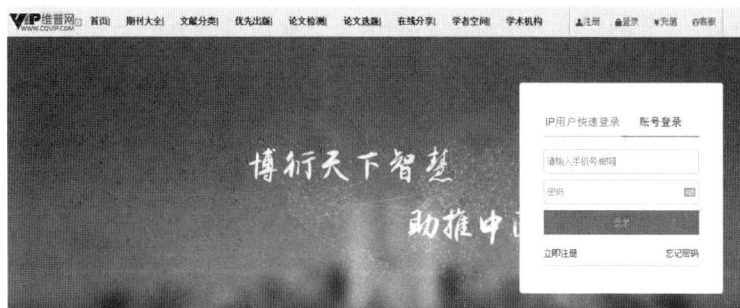

图 3-69　个人用户账号登录

（三）通过"IP 用户快速登录"访问

如果是从购买过维普相关数据库服务的机构内网登录，或者使用机构外网但已连接了机构的 VPN 服务的，可使用"IP 用户快速登录"服务。该方法使用非常简单，直接点击"维普资讯"图标即可登录，如图 3-70 所示。

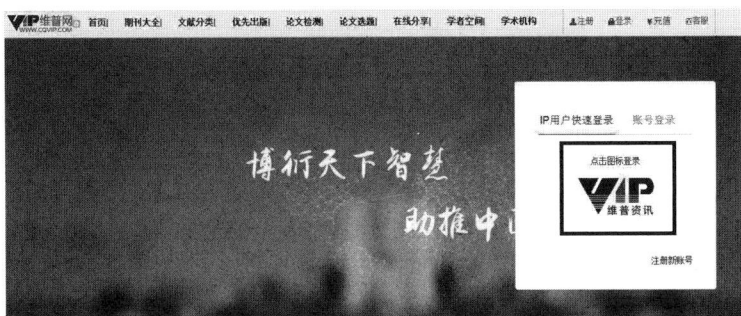

图 3-70　"IP 用户快速登录"对话框

二、检索方法

维普数据库的检索方式分为基本检索、高级检索和检索式检索 3 种。检索语言以中文为主，如输入英文，系统可自动翻译成相关中文后进行检索。

（一）基本检索

基本检索可通过在维普数据库首页的检索框中输入相关检索词完成。为增强检索的精确度，可在首页检索栏左侧选择检索类别，如"文献搜索""期刊搜索""学者搜索"等，并在检索栏下侧选择"作者""机构""刊名"等限定条件，如图 3-71 所示。

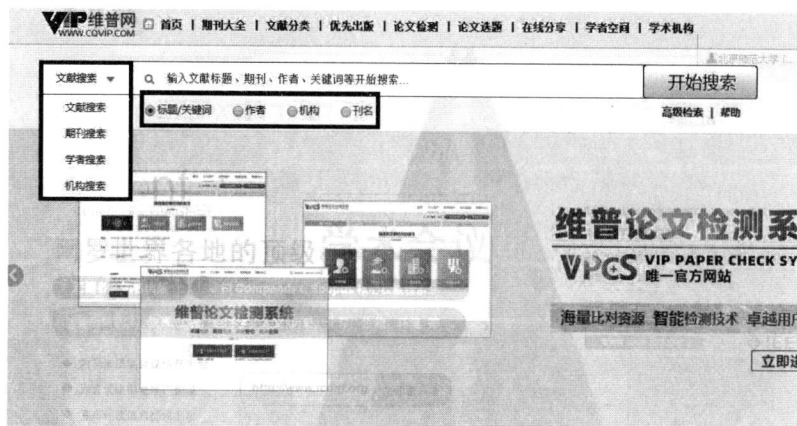

图 3-71　基本检索界面

上述筛选条件也可在进入结果列表页面后进行二次检索（必须输入检索词），此时筛选条件将更加丰富，包括题名、出版日期、学科、收录期刊、作者、机构等，以输入检索词"职业教育"为例，结果如图 3-72 所示。

图 3-72　二次检索界面

（二）高级检索

单击首页"开始搜索"按钮下面的"高级检索"按钮，进入高级检索界面。高级检索是通过多次输入检索字段并运用逻辑运算符进行的检索，由于所施加的筛选条件较多，高级检索的检索效率比基本检索更高。用户可利用高级检索的检索辅助框所提供的选项来构建检索表达式。单击检索辅助框右下侧的"⊕"或"⊝"按钮可添加或删除表达式。同时，高级检索存在出版日期、更新时间、期刊范围、学科限定等筛选条件，如图 3-73 所示。

图 3-73　高级检索界面

（三）检索式检索

进入检索式检索的页面的方式与高级检索相同。检索式检索为主要通过运用逻辑运算符（布尔算符）和字段标识符组成检索表达式而进行的检索。页面下侧也存在和高级检索类似的出版日期、更新时间、期刊范围、学科限定等筛选条件。如对检索式检索的结果有疑问，可单击页面右上角的"查看更多规则"按钮进行查看，如图 3-74 所示。

图 3-74　检索式检索界面

三、检索结果处理

（一）检索结果界面

在维普数据库中，无论是基本检索、高级检索还是检索式检索，检索结果的显示界面都是相同的，只是显示方式有些许差别。基本检索的检索结果页面是以一个新的标签页的方式呈现的，而高级检索和检索式检索则在其检索页面下直接显现，方便调整筛选条件。

检索结果界面的左侧为二次筛选选项，用户可以根据深化需求，对相应检索结果进行二次筛选检索，包括检索结果的增加或删除、出版年份、学科、期刊来源、主题等筛选条件。检索结果界面的中间为检索结果显示栏，可显示文章名称、来源、作者姓名、摘要、关键词等基本信息。单击"在线阅读"或"下载 PDF"按钮可实现阅读及下载操作。检索结果界面的上部为相关功能区，在该功能区可调整每页显示条目数，条目如何排序，以及是否显示文摘或详细信息。单击相关检索结果的复选框，还可以进行"导出题录"操作，或对文章进行引用或统计分析，方便自动生成参考文献格式及分析学术成果产出等的内容。以检索"职业教育"为例，结果如图 3-75 所示。

图 3-75　检索结果界面

（二）检索结果的二次筛选

在检索结果页面左侧的二次筛选界面中，单击年份"2019"，可以按照文献出版时间对检索结果进行二次显示，如图 3-76 所示。其他筛选类似，此处不再赘述。

图 3-76　二次筛选结果对比

（三）文献浏览及下载

在检索结果页面单击文章名后的眼睛造型按钮可预览该文章一页内容。单击文章下部的"在线阅读"按钮可阅读 PDF 格式的全文内容，如图 3-77 所示。单击 "下载 PDF"按钮可下载该文章；也可在单击"在线阅读"按钮后的阅读界面，通过单击上部的下载按钮进行下载，如图 3-78 所示。

图 3-77　文献浏览及下载界面

图 3-78　"在线阅读"界面下载

（四）导出题录

维普数据库提供了自动导出题录的功能。单击检索结果显示界面上部的"导出题录"按钮，可以导出不同格式的题录，方便引用，如图 3-79 所示。

图 3-79　导出题录界面

（五）统计分析

维普数据库提供了统计分析的功能，可以统计该关键词被检索的次数、以该词为关键词的文献的数量、主要发文人物及所属的工作单位等信息。单击检索结果显示界面上部的"统计分析"按钮即可使用该功能，如图 3-80 所示。同理，单击单篇文献的复选框即可以统计该篇文章相关的信息，此处不再赘述。

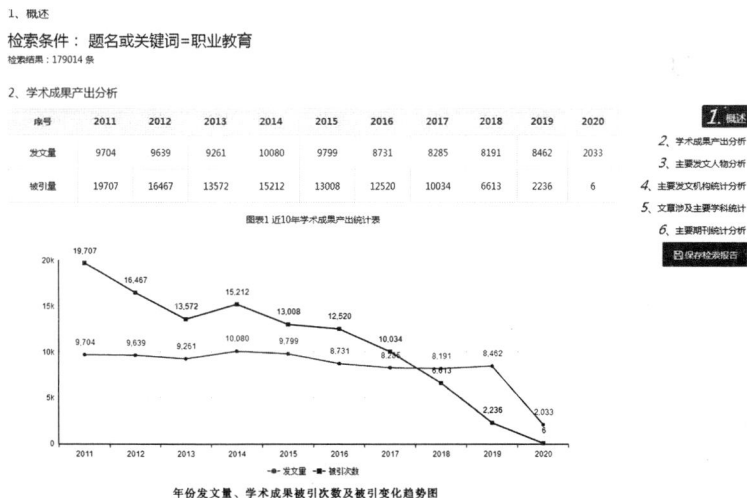

图 3-80　统计分析界面

四、检索实例

如果职教教师需要在维普数据库中检索并下载 2020 年有关中职院校订单式培养的文献资料，其操作步骤如下。

（一）确定检索词

因为这里需要检索的是有关中职院校订单式培养的文献资料，所以检索关键词可以确定为"中职"和"订单式培养"。

（二）确定检索方式

由于需要输入"中职"和"订单式培养"两个关键词，同时也为了提高检索精度，需要采用高级检索，时间限定为 2020 年，选择期刊范围为全部期刊。打开维普网站，选择"高级检索"选项。在第一个辅助检索框中输入"中职"；因两个检索词需并列，逻辑符号选"与"；在第二个辅助检索框下拉表中选择"题名或关键词"，并在检索框中输入"订单式培养"；在年份选项中选择时间为 2020；期刊范围选择全部期刊，如图 3-81 所示。

图 3-81　检索条件设置

（三）下载论文

再单击"检索"按钮，出现如图 3–82 所示页面。

图 3–82　检索结果显示界面

在检索结果显示界面单击"下载 PDF"按钮，即可下载该论文，如图 3–83 所示。如果想阅读后再判断是否需要下载，也可在单击"在线阅读"按钮后再单击顶部"　下载　"按钮下载，此部分上文已进行详细说明，此处不再赘述。

图 3–83　下载界面

第三节　超星发现系统

超星发现是由北京世纪超星信息技术发展有限责任公司开发的一站式学术资源检索和关联的平台。目前，超星发现已经拥有近十亿的元数据量，其中的超星读书平台已经成为世界最大的中文在线数字图书馆。海量且多元化的文献资源能够满足职教教师的不同需求。超星发现的检索系统利用了数据仓储、资源整合，打通 OPAC、读秀、百链和其他数据库资源，真正实现了全方位一站式资源检索，帮助职教教师冲破信息孤岛与信息超载的桎梏，让他们畅游职教科研文献的海洋。针对资源检索结果，超星发现的检索系统可进行分面聚类分析、引文分析、知识关联分析等立体引文分析，揭示学术趋势，方便职教教师对知识进行深度挖掘和可视化展示，从而建立起全方位的知识关联。

超星发现除了拥有期刊、图书、学位论文、会议论文、报纸、专利、文史、学术图书、标准等子数据库外，还有期刊概览、图书概览、视频、慕课、诗词、试题库、故纸堆、课件、诉讼案例、企业名录、法律法规等数据库，相较于中国知网、维普网等专业化的学术资源数据库，超星发现的数据资源更为广泛，资源类型更为丰富，检索界面也更为时尚和友好。

一、用户登录

（一）打开网站

在浏览器中输入网址 http://www.chaoxing.com/，按回车键即可看超星发现系统首页，如图 3-84 所示。此时用户就可以通过检索栏输入检索词进行直接检索，但由于没有登录，缺少访问权限，只能预览部分信息。

图 3-84　超星发现系统首页

（二）登　录

超星发现系统提供个人账号登录和机构账号登录两种登录方式。用户单击首页右上角的"登录"按钮，便会弹出登录对话框，如图 3-85 所示，选择相应的登录方式即可完成登录。

图 3-85　超星发现系统登录对话框

二、检索方法

（一）快速检索

用户完成登录后，进入个人用户主页面，如图 3-86 所示。在页面左上方的超星发现检索栏输入检索词，可以进行超星发现的快速检索。用户也可点击页面右上角的"首页"，回到超星发现的首页，再进行检索。

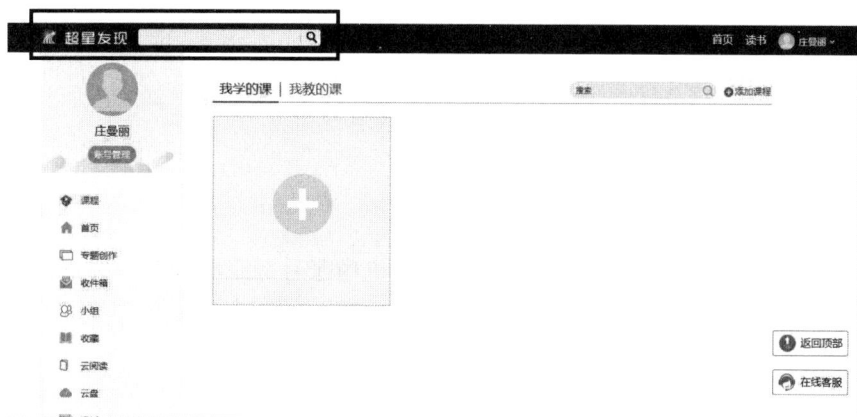

图 3-86　超星发现系统登录后首界面

（二）分类检索

1. 超星发现的分类检索

在超星发现的首页的检索框上方，有"全部""期刊""图书""博硕论文""会议""报纸"6 种数据库分类。在检索框输入检索词后，点击其中一个数据库，再单击"搜索"按钮，即可进入相应数据库的分类检索系统，如图 3-87 所示。

图 3-87　超星发现的分类检索

2. 图书分类检索

单击超星发现首页右上方的"读书"按钮则可进入超星读书系统，超星读书系统界面如图 3-88 所示。

图 3-88　超星读书界面

超星读书系统是按照《中图法》的图书分类体系进行设置的，共有 22 个基本大类和 214 个二级类目。在超星读书页面中，点击"全部分类"的下拉菜单，选择要查询的图书学科，便可进行学科分类检索，如图 3-89 所示。

图 3-89　超星读书的图书分类检索

（三）高级检索

超星期刊系统具有高级检索功能。单击超星发现首页的"期刊"按钮，键入检索词，如"职业教育"，进入超星期刊检索界面，再单击检索框右侧显示的"高级检索"按钮便可进行高级检索，如图 3-90 所示。

图 3-90　超星期刊检索界面

单击"高级检索"，进入超星期刊的高级检索界面。用户可根据需要在标题、关键词或摘要的输入框中键入检索词进行检索。同时，用户还可以选择需要检索的论文的来源类型，系统默认的来源类别为"全部期刊"，如图 3-91 所示。

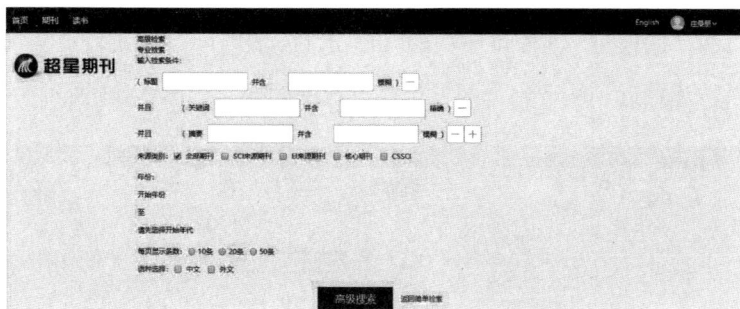

图 3-91 超星期刊高级检索界面

三、检索结果处理

（一）检索结果排序

1.超星读书的检索结果排序

超星读书系统提供了"默认排序"和"按出版日期排序"两种检索结果排序功能。单击超星读书检索结果页面中的"出版日期"，可以将检索结果按照出版日期从近到远进行排序，方便用户按照出版时间查找图书，如图 3-92 所示。

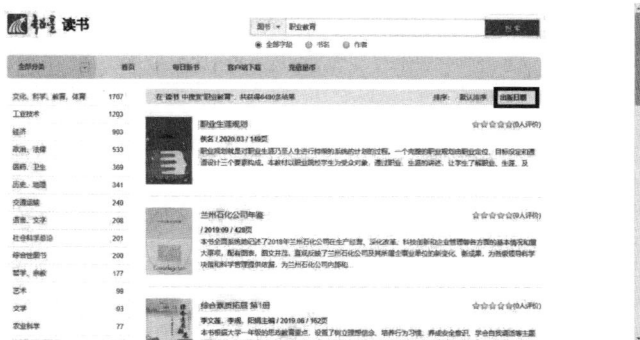

图 3-92 超星读书的检索结果排序

2. 超星期刊的检索结果排序

超星期刊的检索结果排序方式较多，有"默认排序""发表时间""被引量"和"阅读量"4 种排序功能。单击"发表时间"按钮，可实现对检索结果从远到近和从近到远两种排序方式的切换，如图 3-93 所示。

图 3-93　超星期刊的检索结果排序

（二）检索结果的删选

超星图书的检索结果的删选方式比较简单，与图书的分类检索方式相似，通过在超星图书检索结果页面的"全部分类"中选择想要检索的图书学科实现。

超星期刊的检索结果的删选方式相对复杂，在超星期刊检索结果页面的左侧，分为"仅显示""语种""年份""学科分类""关键词""重要期刊""刊名""作者机构""作者""基金"等条件。用户勾选条件下的选项，可以实现对检索结果的进一步删选，缩小检索范围，如图 3-94 所示。

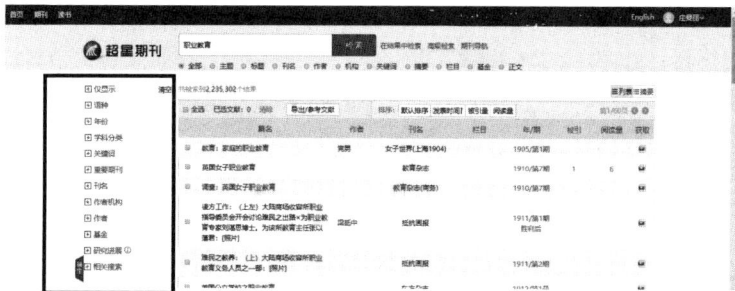

图 3-94　超星期刊的检索结果排序

（三）文献的预览与下载

1. 预览图书

在图书检索结果中，点击图书名称，可以进入记录该图书信息的主界面，如图 3-95 所示。单击该页面的"网页阅读"或"阅读器阅读"按钮，便可以查看该电子图书全文。需要指出的是，如果用户未安装超星阅读器，则需要根据提示，完成对超星阅读器的安装后方能阅读图书全文。若想下载该书，则需单击"下载本书"按钮，则会弹出重置"购买此书"对话框，用户需要使用"星币"购买后方可下载图书。

图 3-95　《职业教育集团化办学研究》图书主界面

2. 下载期刊论文

期刊下载可在期刊检索结果页面和具体论文主页进行。

（1）在期刊检索结果页面中，勾选需要下载的论文，并点击相应论文的"获取"标志，即可进入下载页面，如图 3-96 所示。

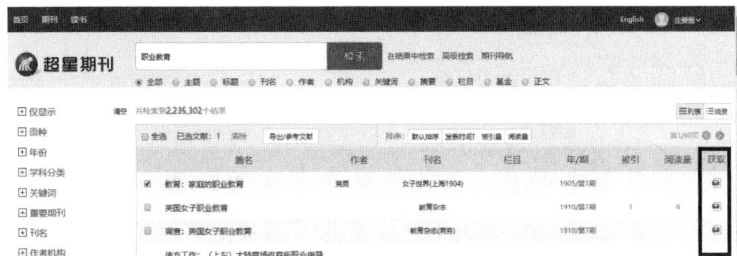

图 3-96　在期刊检索结果页面中下载论文

（2）点击论文题目，进入论文主界面，如图 3-97 所示，再单击"文献传递"按钮，进入下载页面。

图 3-97 《教育：家庭的职业教育》主界面

无论是哪种下载入口，最终都会出现相同的下载页面，即"文献互助中心"。在该页面下方填写电子邮箱和验证码信息，单击"确认提交"按钮后，超星系统就会把相应论文发送到填写的电子邮箱中，如图 3-98 所示。

图 3-98 文献互助中心页面

四、职教科研文献检索实例

（一）快速查找并阅读书名为《中国中等职业教育转型发展研究》的图书

1. 选择图书类别直接检索

在超星发现首页的检索框中键入"中国中等职业教育转型发展研究"，选择检索框上方的"图书"类别，单击"检索"按钮，如图 3-99 所示。

图 3-99　"中国中等职业教育转型发展研究"检索

进入检索结果页面，可看到两本以"中国中等职业教育转型发展研究"为题的图书，如图 3-100 所示。

图 3-100　以"中国中等职业教育转型发展研究"为题的图书检索结果

2. 网页阅读查看全文

此时，分别点击2015年和2016年出版的《中国中等职业教育转型发展研究》图书，进入概述的主页面，再单击"网页阅读"按钮，如图3-101所示。

图 3-101 《中国中等职业教育转型发展研究》图书主页面

接着在阅读页面进行阅读，如图3-102所示。

图 3-102 《中国中等职业教育转型发展研究》阅读界面

（二）查找与"职业教育专业标准"相关的所有文献

在超星发现首页的检索框中输入"职业教育专业标准"，进入检索结果页面，结果如图 3-103 所示。

图 3-103　"职业教育专业标准"检索结果页面

第四节　ProQuest 数据库

ProQuest 系列数据库是由具有 70 多年历史的美国 ProQuest Information & Learning 公司通过 ProQuest 系统提供的网络版数据库，包含 ProQuest Dissertations & Theses(PQDT) 全球博硕士论文文摘数据库（原称 PQDD）、ProQuest Dialog、ProQuest Microfilm 缩微平片、Digital National Security Archive(DNSA) 等将近 30 个子数据库，内容来源于学术期刊、学位论文、电视和无线电广播、报纸、新闻发布、公司年度报告等，涉及商业管理、新闻、科学与技术、社会与人文科学、艺术、健康与医学、金融与税务等各个方面。该数据库具有收录学科面广、检索途径多、数据质量高、时效性强等优点。

一、用户登录

（一）打开网站

在浏览器中输入网址 https://search.proquest.com/，打开 ProQuest 数据库检索系统，如图 3-104 所示。此时用户可以通过在检索栏中输入关键词直接进行检索，但由于没有登录，缺少访问权限，只能进行有限预览。

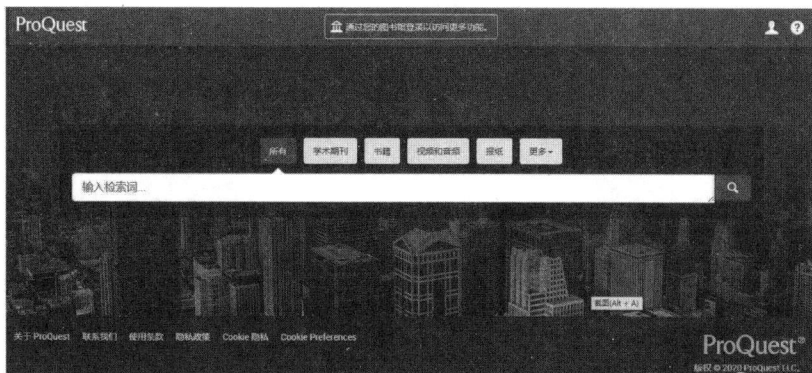

图 3-104 ProQuest 数据库首页

（二）个人用户访问

ProQuest 数据库提供个人用户登录和"您的图书馆"登录两种登录方式。个人用户可点击人像标志，选择"Sign into My Research"选项，创建"我的检索"账户，如图 3-105 所示。

图 3-105 创建"我的检索"账户

个人用户在出现的登录界面中选择"ProQuest 账户"，输入用户名和密码，单击"登录"按钮即可实现访问，如图 3-106 所示。

图 3-106　个人用户访问

（三）通过您的图书馆访问

点击首页正上方"通过您的图书馆登录以访问更多功能"，如图 3-107 所示，便会出现"查找您的图书馆"对话框，如图 3-108 所示。

图 3-107　图书馆用户访问

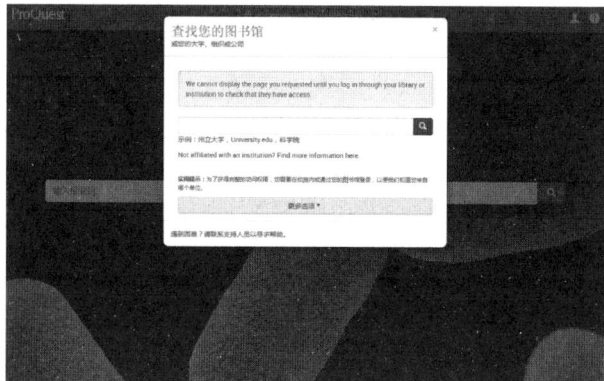

图 3-108　"查找您的图书馆"对话框

　　首次访问的用户可在搜索框中输入已经购买 ProQuest 数据库使用权限的图书馆的名称，为便于快速查找，建议输入英文名称，如在检索栏中输入"Beijing Normal University"，搜索栏下拉菜单会显示相应高校名称，如图 3-109 所示。如果用户已经访问过 ProQuest 数据库，搜索栏对话框则会直接显示访问记录。

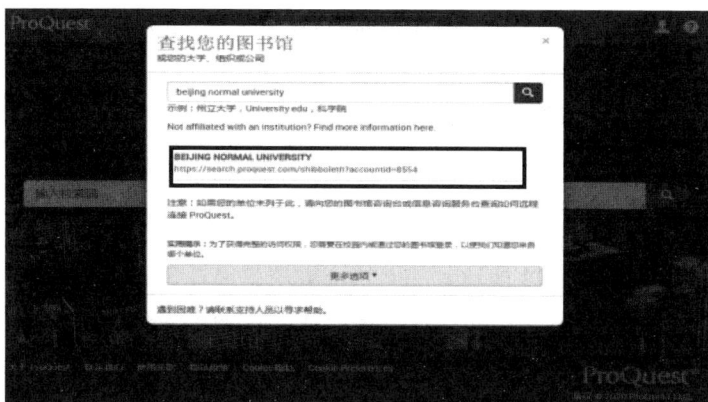

图 3-109　输入图书馆名称

　　选中"Beijing Normal University"后，会出现北京师范大学图书馆的登录界面。如具备相应的账号和密码，输入后即可完成登录，如图 3-110 所示。

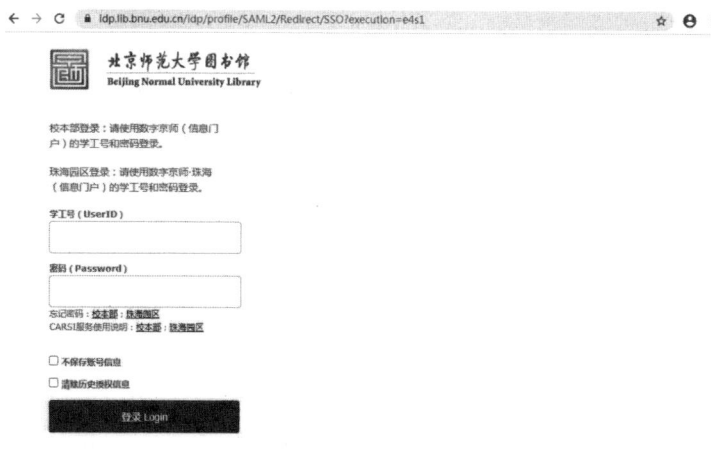

图 3-110　ProQuest 数据库的北京师范大学图书馆登录界面

二、检索方法

ProQuest 数据库可供用户进行浏览 (Browse) 和检索 (Search)。其检索方式主要分为基本检索、高级检索和出版物检索 3 种。由于 ProQuest 检索支持 UTF-8 字符集并通过统一码联盟进行管理，输入的检索词可为英语或其他语言，例如法语、汉语、西班牙语、希腊语和斯拉夫语等。

（一）基本检索

基本检索可以通过在 ProQuest 数据库首页的搜索框中输入检索词完成。为增强检索的精确度，可在首页检索栏的上部选择"学术期刊""书籍"等数据库，并在检索栏左下侧选择"全文文献"或"同行评审"的限定条件，如图 3-111 所示。

上述筛选条件也可在进入结果列表页面后进行选择（必须输入检索词），此时筛选条件将更加丰富，包括限定条件、出版物类型、出版日期、主题、文档类型、语言、出版物名称等。

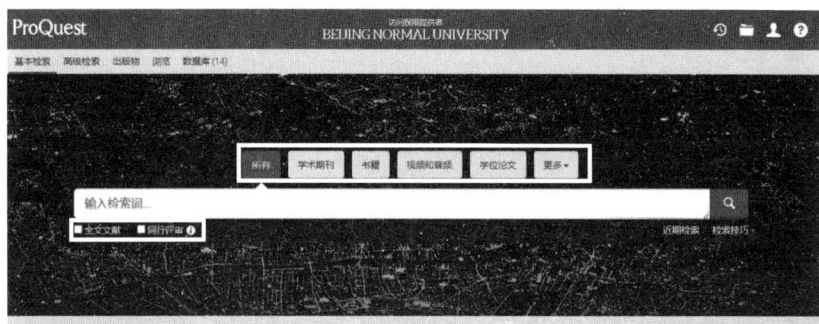

图 3-111 基本检索界面

（二）高级检索

单击首页左上角"高级检索"按钮，进入高级检索界面。高级检索是通过检索字段、运算符等进行的检索，由于所施加的筛选条件较多，高级检索的检索效率比基本检索更高。用户可利用高级检索的检索辅助框所提供的选项来构建检索表达式。使用"添加一行"按钮可添加表达式到检索框中，增加筛选条件。同时，高级检索存在和基本检索相类似的出版日期、出版物类型、文档类型、语言等筛选条件，如图 3–112 所示。在本页面中也可以对检索结果显示的时间顺序及条目数等进行预先设定。

图 3–112　高级检索界面

（三）出版物检索

出版物检索与基本检索类似，只是在字段所处位置增加了检索辅助框。同时，页面左侧也有关于出版物类型、出版物主题、语言、出版商、数据库等的筛选条件，如图 3–113 所示。

图 3-113　出版物检索

如前文所述，ProQuest 数据库包含了几十个不同类型的子数据库，为了提高检索效率，用户可以把检索范围限定在某一个或几个子ProQuest 数据库内。点击位于 ProQuest 数据库首页上方的"数据库"标签即可实现上述操作。需要指出的是，"数据库"标签后括号内显示的数字代表入口授权方（如高校图书馆系统）所购买的子数据库的数量，如图 3-114 所示。

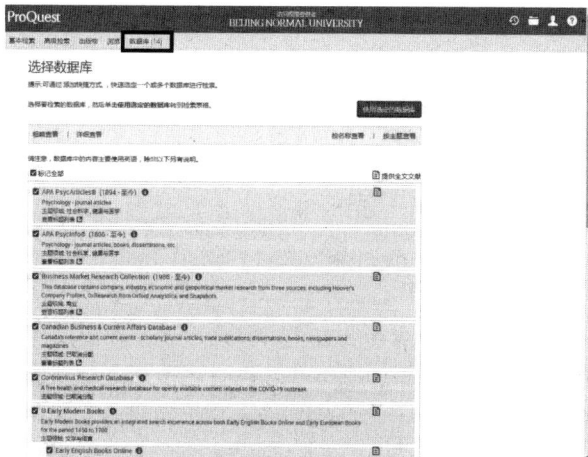

图 3-114　可使用的子数据库数量

三、检索结果处理

（一）检索结果界面

在 ProQuest 数据库中，无论是基本检索、高级检索还是出版物检索，检索结果的显示界面都是相同的。检索结果页面的左侧为二次筛选选项区，在此区域内，用户可以根据深化需求对相应检索结果进行二次筛选检索。检索结果页面的中间为检索结果显示栏，如果检索结果显示栏中的数目较少，系统会直接显示题目、作者、单位、出版时间等信息。如果数目较多，则可单击"显示更多"按钮显示论文的相关信息。检索结果界面的右侧为相关内容推荐区。具体见图 3-115。

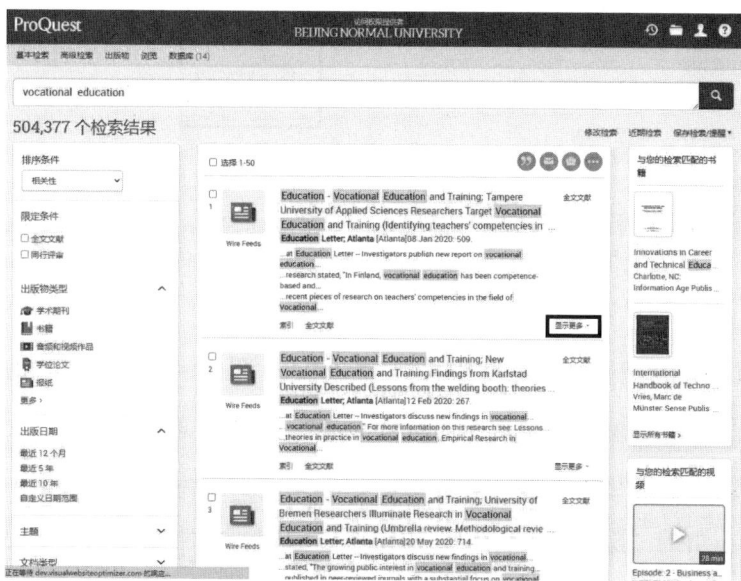

图 3-115　检索结果界面

（二）检索结果的二次筛选

在检索结果页面左侧二次筛选区中，点击"排序条件"的下拉菜单，选择"先远后近"或"先近后远"，可以按照文献出版时间的先后顺序对检索结果进行排序，如图 3-116 所示。点击二次筛选区中的限定条件，可以对检索结果进行"全文文献"或"同行评审"的二次筛选处理，如图 3-117 所示。

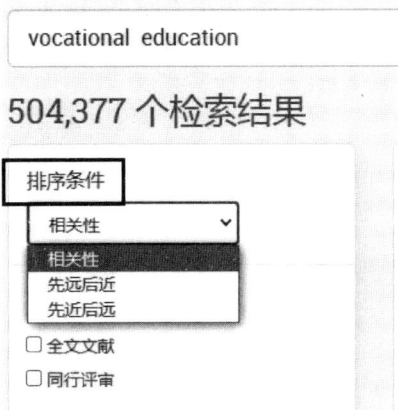

图 3-116　对检索结果进行时间排序

图 3-117　对检索结果进行限定条件的二次筛选

（三）文献浏览

在检索结果界面中点击"全文文献"可以预览全文。全文文献界面左侧为预览区，右侧为功能区。预览区的检索词都是高亮显示，通过右上角的"隐藏突出显示"按钮可以关闭。功能区提供了"另存为PDF""引用""电子邮件""打印"等多种功能，如图 3-118 所示。

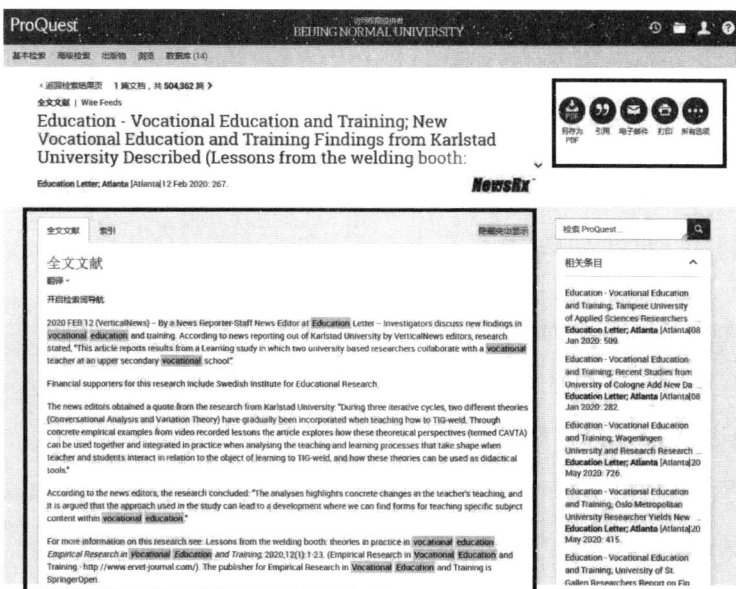

图 3-118　全文文献界面

1. 另存为 PDF

单击功能区的"另存为 PDF"按钮，可打开 PDF 格式的文献全文，如图 3-119 所示。

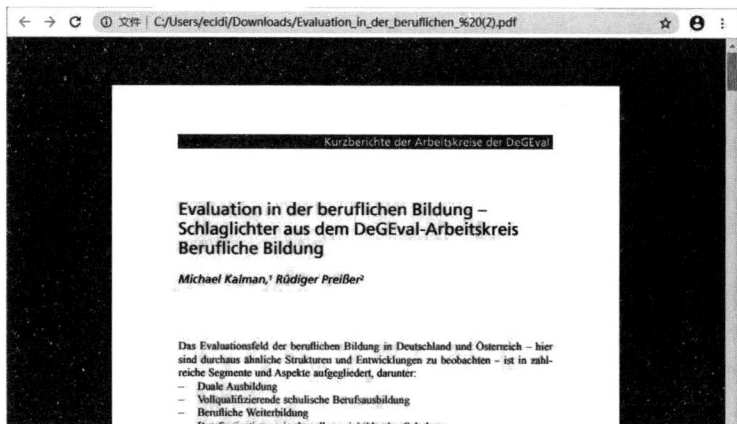

图 3-119　"另存为 PDF"功能

2. 引　用

ProQuest 提供了自动生成引文的功能。单击功能区的"引用"按钮，便会出现"引用"对话框，在"引用样式"栏中选择参考文献引用格式，可以自动生成不同的引文格式，用户可以根据需要复制、下载或打印生成的引文，如图 3-120 所示。

图 3-120　引文生成界面

需要注意的是，在文献检索结果界面中，ProQuest 也提供了"另存为 PDF""引用""电子邮件""打印"等功能按钮，但这些按钮一般显示为灰色。用户只有点击条目列表前的复选框，这些功能按钮将由灰变亮，才可进行引用、邮件发送、保存检索等操作，也可点击省略号后进行更多的操作。

3. 全文翻译

ProQuest 提供了多种语言供用户阅读。在预览区单击"翻译"按钮，便会出现语言对话框，再根据自身需求选择相应语言，便可得到某种语言的文献预览结果，如图 3-121 所示。

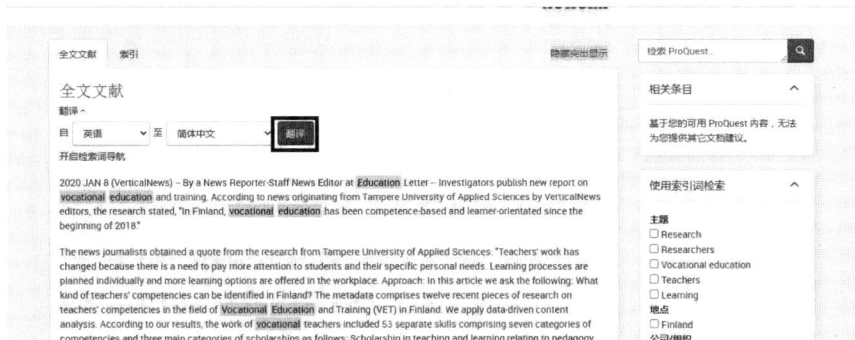

图 3-121　全文文献翻译

四、检索实例

如果职教教师需要在 ProQuest 数据库中检索并下载有关高等职业教育中外合作办学的外文期刊文献，其操作步骤如下。

（一）确定检索词和检索方式

虽然 ProQuest 数据库支持中文检索，但考虑到该数据库为外文数据库，采用英文具有一定的优势，因此建议采用英文检索词进行检索。由此确定英文检索词为"higher vocational education" 和"sino-foreign cooperative education"。

（二）确定检索方式

为了提高检索精度，采用高级检索，选择出版物类型为学术期刊。打开 ProQuest 网站，选择"高级检索"选项。在第一个辅助检索框中输入"higher vocational education"；因两个检索词需并列，逻辑符号选"AND"；在第二个辅助检索框中输入"sino-foreign cooperative education"；为了扩大检索面，关键词出现范围选"所有字段"；在出版物类型中选择"学术期刊"，如图 3-122 所示。

图 3-122　有关高等职业教育中外合作办学的外文文献检索过程

（三）下载论文

单击"检索"按钮，出现如图 3-123 所示页面。

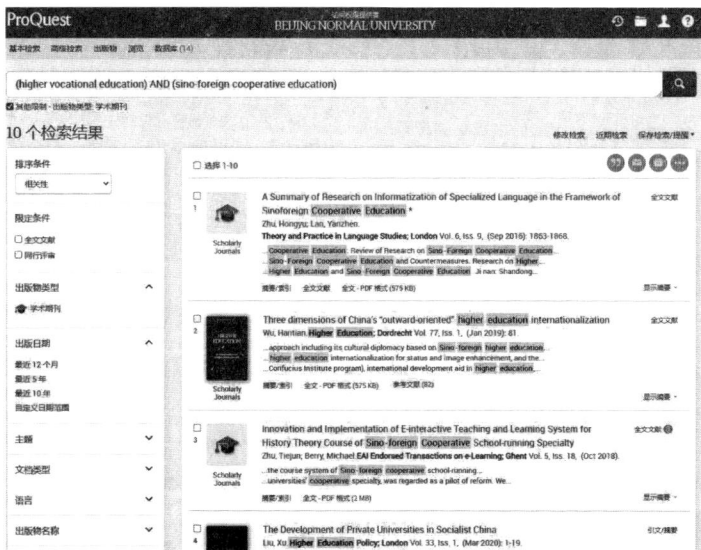

图 3-123　有关高等职业教育中外合作办学的外文文献检索结果

再选择第一篇论文，单击"全文 –PDF 格式"按钮，或点击论文题目进入论文详细页面后，单击右上角的"下载 PDF"按钮进行下载，如图 3–124 所示。

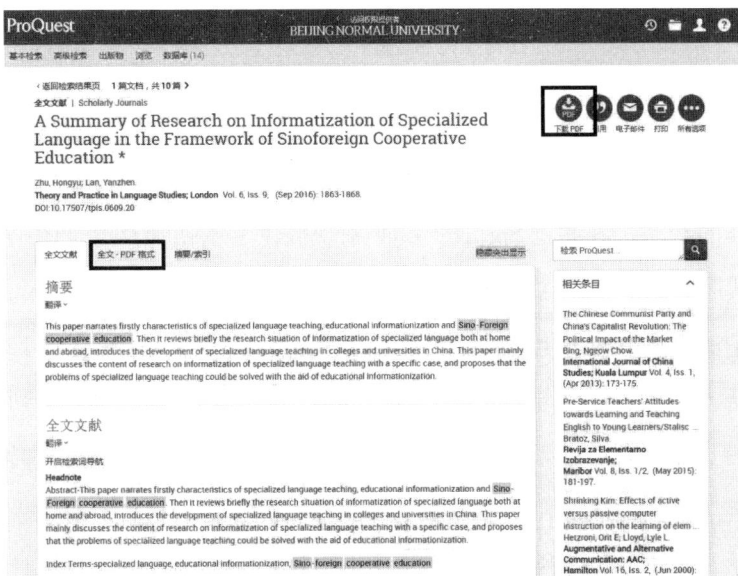

图 3–124 有关高等职业教育中外合作办学的外文文献下载

第五节 Springer Link 数据库

　　Springer 电子期刊数据库是德国施普林格（Springer–Verlag）出版集团制作的产品，其通过 Springer Link 系统提供学术期刊及电子图书的全文在线服务，其中包含 439 种学术期刊，绝大部分为英文期刊。Springer Link 中的大多数全文电子期刊是国际重要期刊，其中 SCI 源刊占 72%，是科研人员的重要信息源。目前，Springer 中国集团可访问的期刊有近 2000 种、图书超过 25 万部和文献 900 多万篇，按学科可分为建筑和设计、行为科学、生物医学和生命科学、商业和经济、化学和材料科学、计算机科学、地球和环境科学、工程学、人文社科和法律、数学和统计学、医学、物理和天文学、计算机职业技术与专业计算机应用等。

一、用户登录

（一）打开网站

　　在浏览器中输入网址 https://link.springer.com/，打开 Springer Link 数据库检索系统，其主页如图 3–125 所示。主页的上方和左侧分别为检索区域和浏览区域，右侧为重点推荐最新图书和期刊内容的区域。

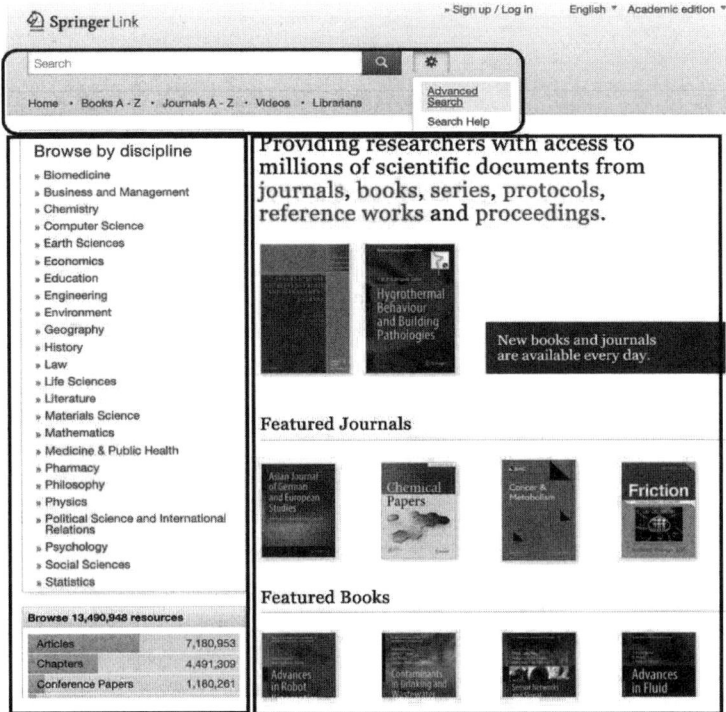

图 3-125　Springer Link 主页面（1）

Springer 检索方式有快速检索（Search）与高级检索（Advanced Search）两种，用户可根据自身需求选择不同的检索方式；浏览方式分为按内容类型浏览（resources）和按学科分类浏览（discipline）两种，在主页面中点击相应类型或学科可进入详细列表。主页面左边方框显示按学科进行分类，点击某学科后可进入该学科的新页面。在学科导航栏的下方是按内容进行浏览的区域，可进一步找到相关的详细内容，如（期刊）文章（Articles）、（图书）章节（Chapters）、参考文献（Conference Papers）等，如图 3-126 所示。

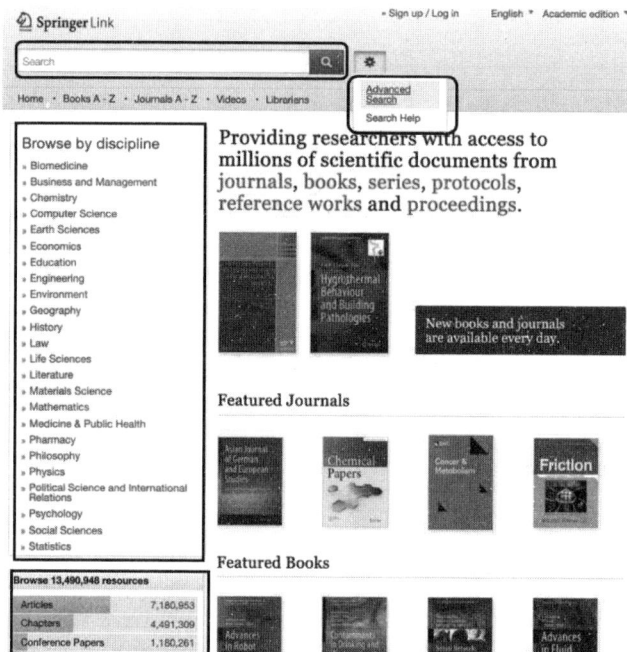

图 3-126　Springer Link 主页面（2）

（二）用户登录

1. 用户注册与登录

（1）用户可在主页面点击"Sign up/Log in"，进入用户注册或登录环节，进行账户登录或新用户注册，如图 3-127 所示。

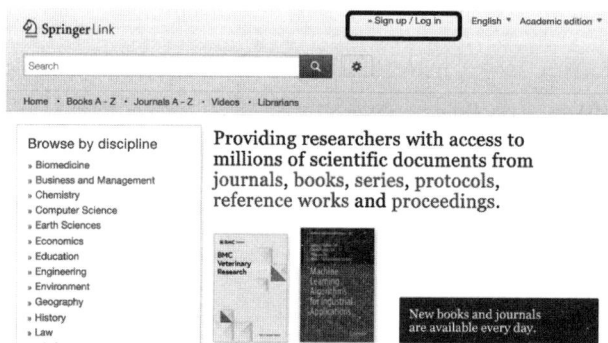

图 3-127　点击登录页面

（2）注册并建立账户（Creat your account）。若用户已有账户，可通过邮箱和密码直接登录；新用户可根据指导语，填写姓名（First Name，Last name）、邮箱（Email Address）、密码（Password）等相关信息进行注册，建立属于自己的账户，如图3-128所示。

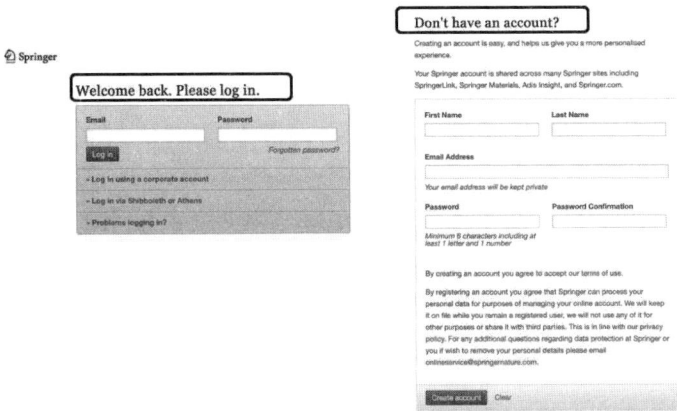

图 3-128 登录 / 注册账户页面

2. 用户识别

在主页面具体内容区域 (New books and journals are available every day) 所显示的颜色代表不同的用户，橙色代表匿名用户，粉色代表可识别用户。如果用户所属机构订购了Springer电子期刊数据库的内容，并且用户在机构环境内访问网站，即当用户在可识别的IP范围内登录https://link.springer.com/ 时，用户将被自动识别为该机构的一部分。比如，通过VPN客户端进行访问，将被自动识别。同时，用户注册后，用于登录的邮箱和密码也可以进行身份识别，如图3-129所示。

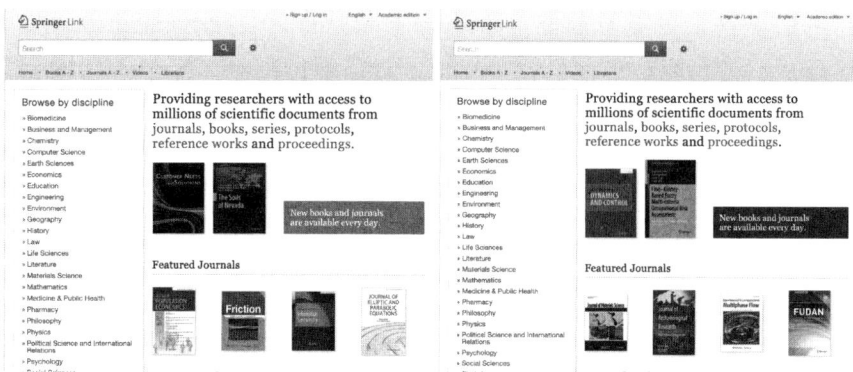

图 3-129　用户身份识别对比图

二、检索方法

Springer Link 数据库提供浏览与检索两种功能，主页面上的检索功能十分明显与突出，其中检索有快速检索和高级检索两种，还提供检索帮助。此处，先对检索技术做一个简单说明，分别有以下方面：①逻辑算符：逻辑或（OR）、逻辑与（AND）、逻辑非（NOT）；②优先运算符：括号"（）"的运算优先执行；③截词符"*"：表示后截断，前方一致，以代替多个字符；④引号" " " "：引号中的部分作为词组检索算符。例如：检索 " system manager "，只检索到 system manager 这个词组，检索不到 system self-control manager 这个短语；⑤字段限定符：标题（ti：）、摘要（su：）、作者（au：）、ISSN（issn：）、ISBN（isbn：）、DOI（doi：）。

（一）快速检索

在主页面检索栏输入"关键词"或"标题"，检索词可以是一个单词，也可以是检索式，能够实现快速检索。例如，输入"The challenge of vocational education"或"The AND challenge AND of AND vocational AND education"，均可实现快速检索，出现相关信息，如图 3-130 所示。

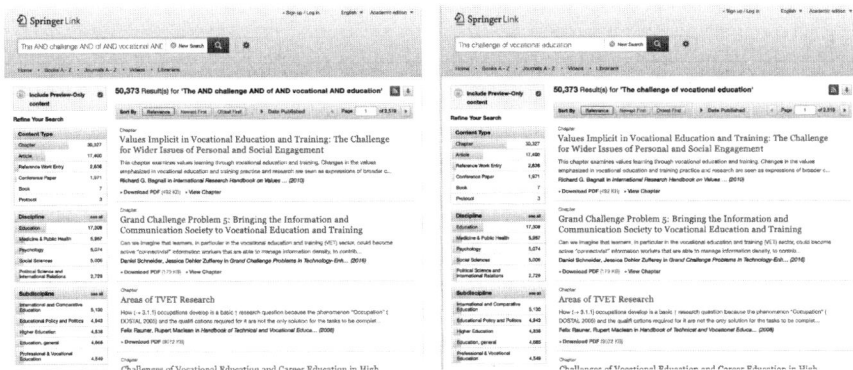

图 3-130　快速检索页面

在检索结果的页面上，可通过聚类选项进行二次检索，按内容类型、学科、子学科、语种、相关性、时间等进行限定与优化，如图 3-131 所示。

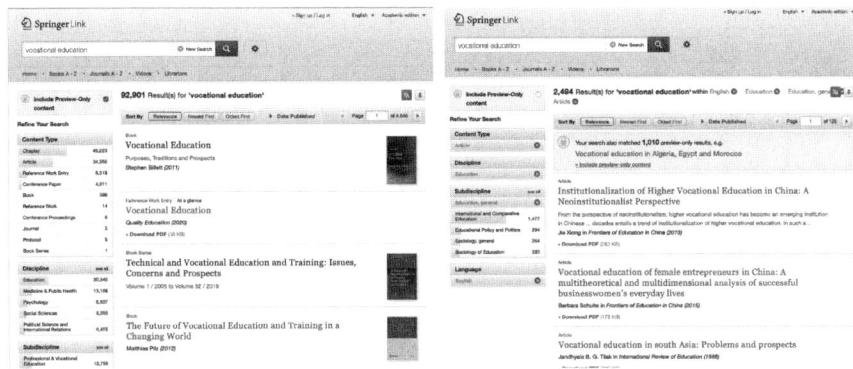

图 3-131　聚类选项页面

（二）高级检索

在主页面中还提供了"高级检索（Advanced Search）"和"检索帮助（Search Help）"，单击"高级检索"按钮就能进入高级检索界面，如图 3-132 所示。用户可以通过高级检索选项进一步缩小检索范围，使检索结果更加准确。高级检索界面有全文、标题、摘要、作者、编辑、ISSN、ISBN、DOI、日期等多个检索字段，各字段之间为逻辑"与"关系，用户可在一个或多个检索词输入文本框中输入检索词，对检索范围进行限定，以达到精确检索的目的。针对检索结果，可选择按出版时间或相关性进行排序，且可以精确到具体的时间段。

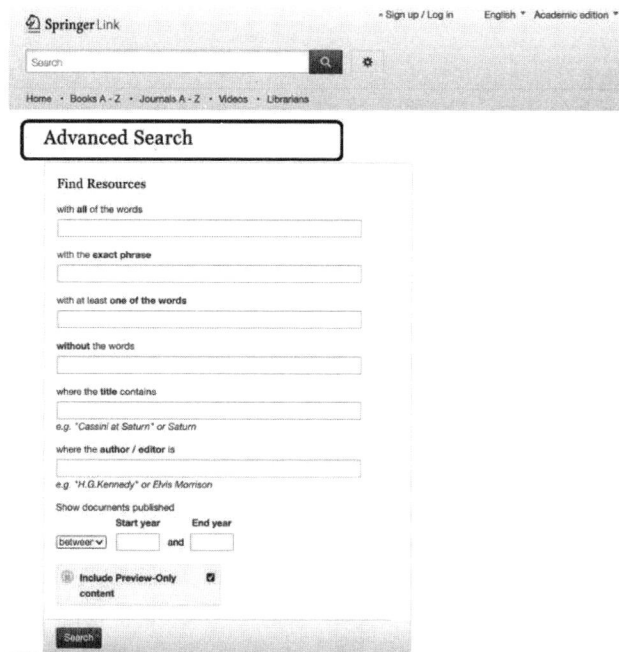

图 3-132　高级检索页面

三、检索结果

在默认情况下，系统将显示所有检索结果，如果用户只想看到权限范围内的搜索结果，点击取消黄色框（Include Preview-Only content）内的勾选，即可完成筛选，如图 3-133 所示。

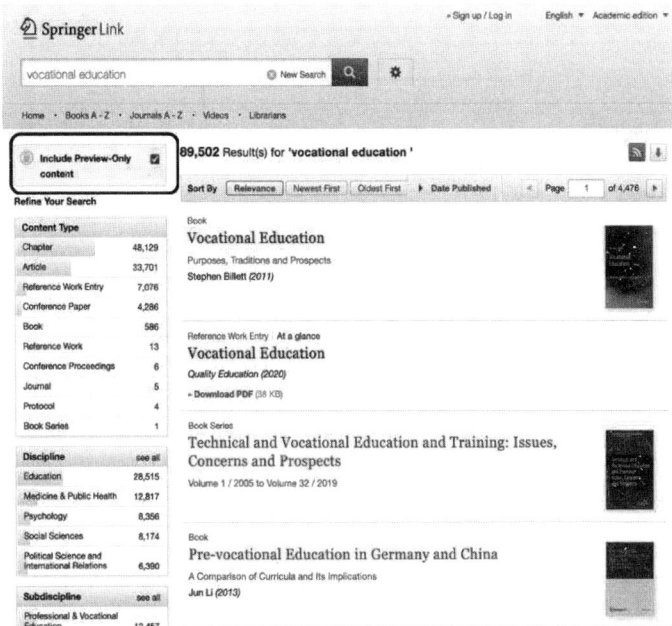

图 3-133　权限范围内搜索结果

（一）检索结果信息

Springer Link 的检索结果列表中，预设情况下，检索结果按相关性排序，并增加了检索结果列表结构。用户可以在检索结果列表页中，选择浏览记录的详细题录或简要题录。

简要题录显示检索结果的排序方式（相关性、时间等）、检索结果的类型［期刊（文章）、参考文献、著作（章节）、实验室指南等］、标题、作者、在何处以何种形式出版、全文文献格式等基本信息。以选取"Article（期刊文章）"为例，点击后将显示具体内容，页面如图 3-134所示。

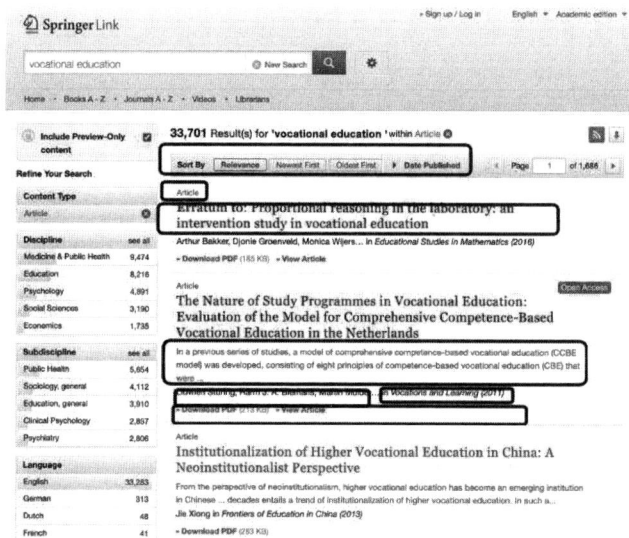

图 3-134　搜索结果页面信息

在搜索结果页面的基础上，用户可以进一步精确到某出版年限，同样可以输入页码跳转到任何页面，如图 3-135 所示，同时在页面右上方，单击箭头按钮可以下载 CSV 格式文件。

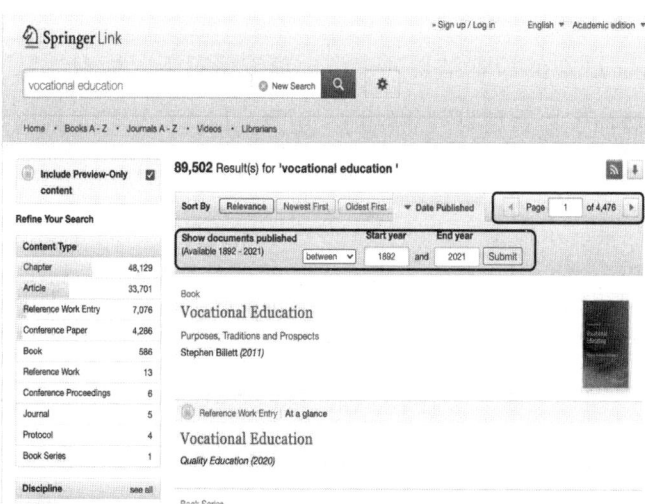

图 3-135　按页码和出版年限检索

用户可进一步按页面左边的聚类选项，如内容类型（Content Type）、学科（Discipline）、子学科（Subdiscipline）、语言（Language）、出版日期（Date Published）等项目优化搜索结果，如图 3-136 所示。

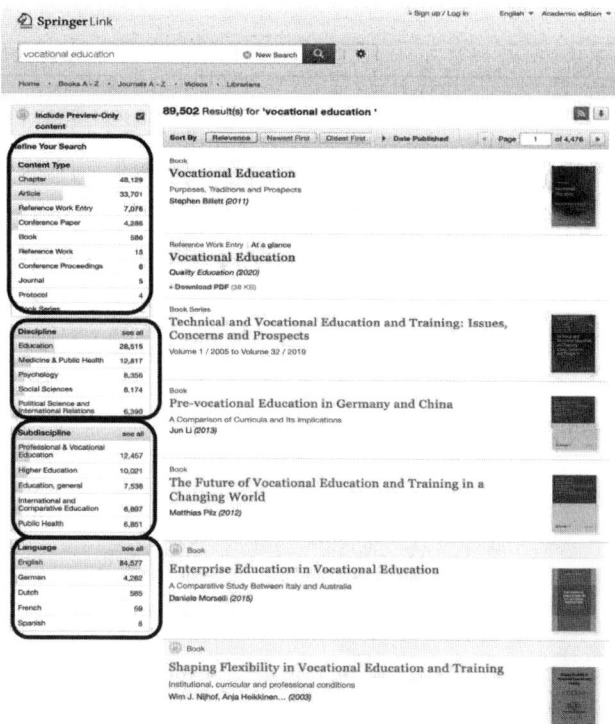

图 3-136　优化搜索结果

（二）期刊（文章）页面信息

当用户点击进入期刊（文章）具体页面后，页面会显示期刊论文的文献类型、内容标题、所列内容的作者、在何处以何种形式出版、简要文摘及所能提供的全文文献格式和链接等详细信息。细分目录（Sections）会对文献内容进行梳理，有摘要(Abstract)、理论框架（Theoretical Framework）、研究方法（Methodology）、结果（Results）、结论与讨论（Conclusion and Discussion）、参考文献（Author information）、作者介绍（Author information）等信息。检索结果输出时可单击"PDF 下载（Download PDF）"按钮进行下载，如图 3-137 所示。

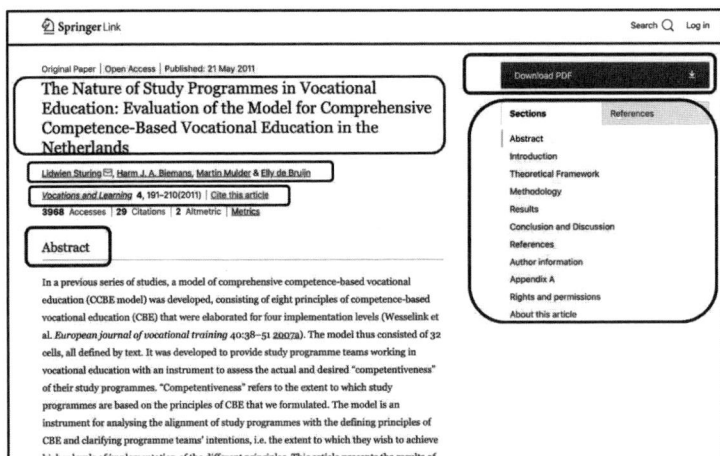

图 3-137 期刊（论文）详细页面

（三）著作（章节）页面信息

当用户点击进入著作（章节）的具体页面后，页面会显示著作（章节）的类型、此章节的标题、所列内容的作者、在何处以何种形式出版、章节目录、所能提供的全文文献格式和链接等详细信息。"关于此书（About the book）"的栏目会对文献内容进行梳理，其中包括引言（Introduction）、关键词（Keywords）、作者及相关人员（Authors and affiliations）、书目信息（Bibliographic information）等内容。检索结果输出有 PDF 下载或 EPUB 下载（Download book EPUB）等方式，如图 3-138 所示。

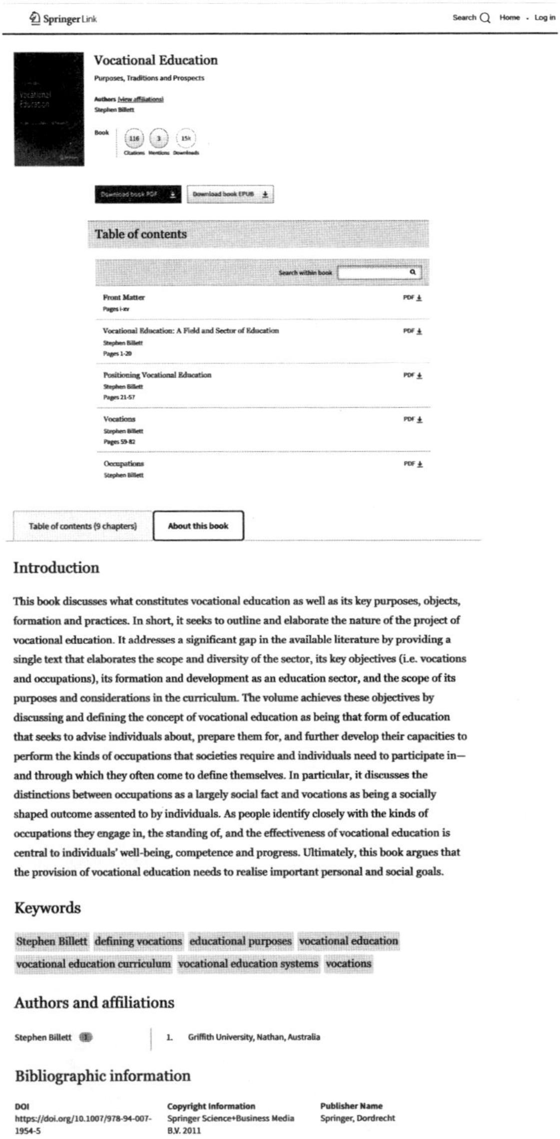

图 3-138　著作（章节）详细页面

（四）可获取内容与下载

若检索结果是开放获取的，在内容页面会显示标识"Open Access"；可下载的内容在详细页面的右上方比较显著的位置有"下载 PDF

（Download PDF）"的标识，点击便可获取，如图 3-139 所示。

图 3-139　可获取内容与下载标识

四、检索实例

如果职教教师需要在 Springer Link 数据库进行检索并下载相关外文资料，以"职业教育面临的挑战"为例，进行检索，具体操作步骤如下。

（一）确定检索词和检索方式

Springer Link 数据库的内容绝大部分为英文期刊，大部分用户一般选择使用英文进行检索。首先，将确定的检索主题或关键词进行英文转换。以"职业教育面临的挑战"主题为例，将中文关键词"职业教育面临的挑战"翻译为英文，即"The challenge of vocational education"，将其输入检索栏，出现检索结果页面后，进一步根据自身需求选择著作（章节）或期刊（文章）进行阅读浏览，再确定合适内容，如图 3–140 所示。

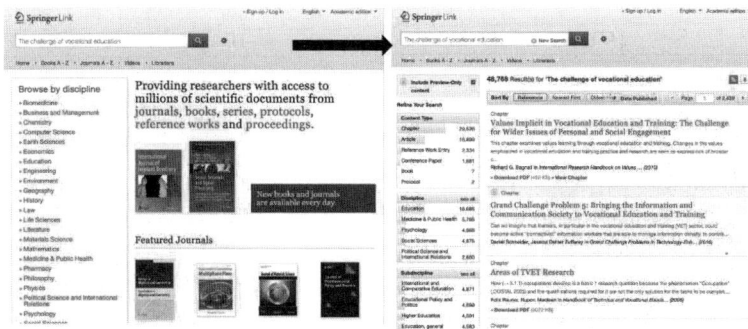

图 3–140　检索页面

（二）下载方式

根据检索页面选取可获取内容，点击进入详细页面，再单击" PDF 下载（Download PDF）"按钮进行下载，如图 3–141 所示。

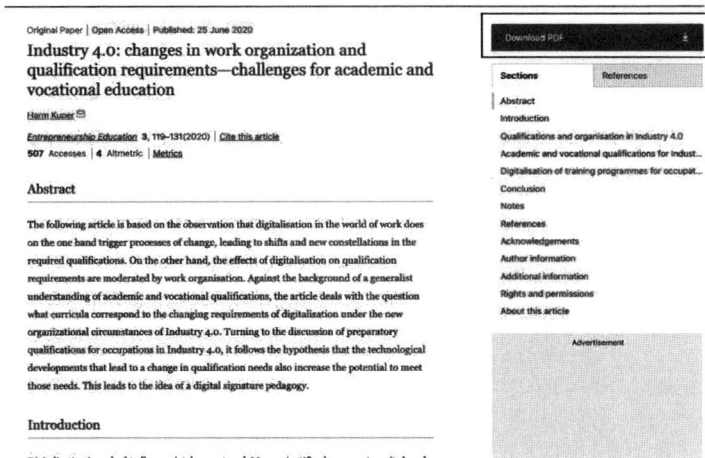

图 3-141　下载页面

（三）下载完成

点击如图 3-142 所示的下载选项，再进行保存，即完成下载流程，下载后便于日后查阅。

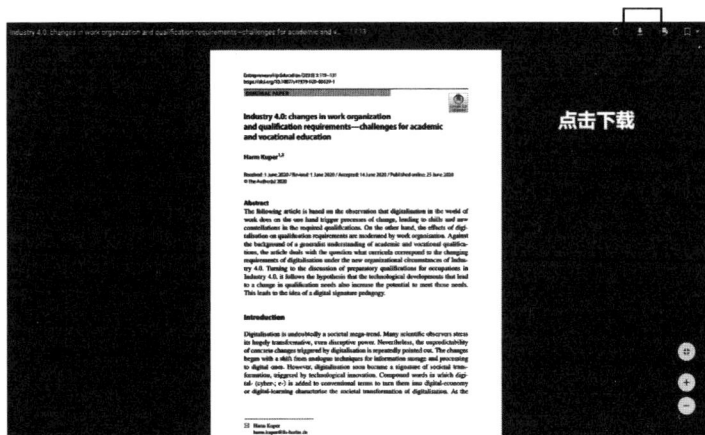

图 3-142　期刊（文章）页面

第四章

文献管理与分析工具的使用

　　随着网络信息化的发展，职业教育研究领域存在多种多样的文献采集渠道与方式，能够获取的文献资料也越来越多。当前该领域的研究者面临的问题是如何利用文献管理软件记录、组织、管理相关的文献资料，使文献综述的撰写更加方便与快捷。本章主要介绍 EndNote 和CiteSpace 两种文献管理与分析工具，同时，表明借助这这些软件工具，职业教育研究者可以不受限于时间和空间，在任何时间和地点都能轻松完成对文献的管理、研究与分析工作。

第一节　利用 EndNote 完成文献管理

　　职业教育领域论文或课题申报书的撰写，尤其是文献综述类文章、专著和硕博学位论文的撰写，由于引用的文献较多（动辄几十篇，多者可达几百篇甚至上千篇），引文的整理、标注和顺序排列的工作量是巨大的。同时，引文标注的准确与否关系论文与专著等的严谨性和可信度，因此这一工作显得非常重要。按传统做法，研究者常常要花费大量时间去检索文献、复印或抄写资料、编写卡片，并把文献目录按一定要求排好顺序、设置格式，整个过程既费时费力又枯燥乏味。对于要求按序号排列的引文列表和标注，若因正文有些地方做了修改而改变了引文的顺序，则其后所有的引文和标注都需做相应的修改。对于长篇综述和专著的作者来说，这个过程简直就如做了一场噩梦，且改的过程中还容易出错。而 EndNote 具有文献检索、文献整理、引文标注、在文末自动按特定格式生成参考文献列表等强大功能，它是由 Thomson ResearchSoft 公司开发设计的，目前已得到广大学者的广泛使用。

一、建立 EndNote Library

　　设计 EndNote 软件的最初理念，是为了让研究者能构建一座由自己的研究主题所搭建出来的虚拟的文献图书馆，研究者可以将所收集到的文献资料放入这个虚拟图书馆中。当需要使用文献时，该软件的检索功能可以帮助研究者轻松获取相关内容。而在研究者进入论文撰写阶段时，EndNote 软件的特定功能可以协助研究者轻松完成文章的书写。

（一）建立你的文献图书馆

1. 启动 EndNote Library

在完成 EndNote 软件的 PC 端安装后，双击 EndNote 图标启动软件，初始界面如图 4-1 所示。

图 4-1　EndNote Library 运行后的初始界面

2. 新建一个新的 EndNote Library

有两种方式新建图书馆，如果是第一次使用 EndNote 软件，可以单击图 4-1 中的 "Create a new library"，然后保存你的第一座虚拟图书馆。如果已经使用过 EndNote 了，则需要单击菜单栏中的 "File"，选择 "New" 选项，建立 EndNote 图书馆，如图 4-2 所示。单击

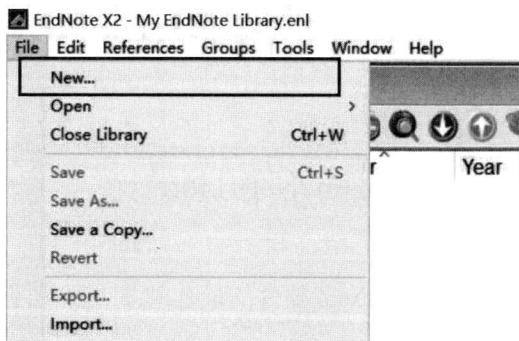

图 4-2　新建 EndNote Library

"保存"选项后,出现如图 4-3 所示的命名页面,此时你可以按照研究的主题对图书馆进行命名。

图 4-3   为 EndNote Library 命名

当完成命名,单击"保存"后,会在保存路径的页面看到新增了两个图标,如图 4-4 所示。这两个图标,分别为".Data"和".enl"文件,它们共同构成了你的 EndNote Library。如果你需要与你的研究团队分享使用 EndNote Library,需要同时复制这两组文件才行。

图 4-4   保存路径下的"Membrane Filtration"图标

(二)认识 EndNote Library 的菜单栏

EndNote Library 的菜单栏包含"File"菜单、"Edit"菜单、"References"菜单、"Groups"菜单、"Tools"菜单、"Window"菜单及"Help"菜单,如图 4-5 所示,类似于 Word 软件中菜单栏的布局,接下来将详细介绍相关功能的使用。

图 4-5 菜单栏

二、自行输入书目数据

如果你已经根据前面章节的内容，完成了对职业教育相关领域论文的下载，接下来我们需要将这些文献放入你的 EndNote Library。

（一）建立书目数据

1. 输入书目数据

在新建的 EndNote Library 中，单击工具栏中的"References"，再执行"New Reference"命令，可以开启新书目编辑功能（见图 4-6）；也可以直接单击界面上的"＋"按钮（见图 4-7），快速完成对新书目的编辑。

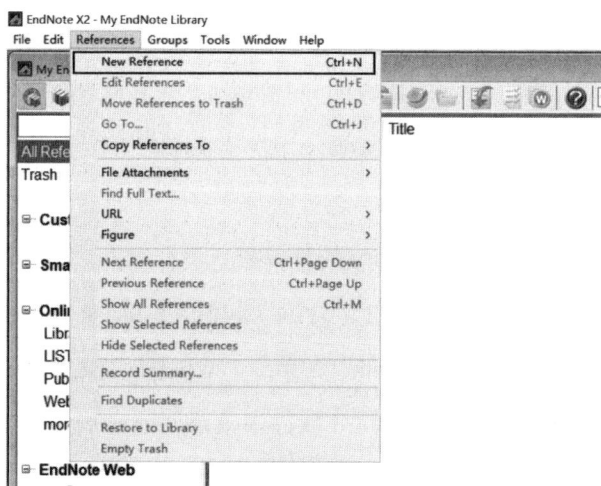

图 4-6 输入书目数据（1）

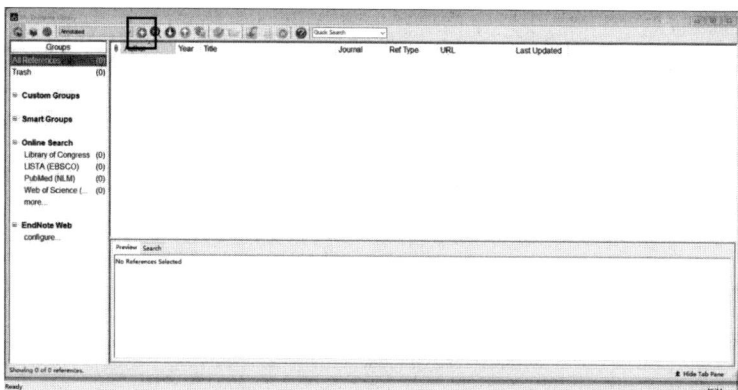

图 4-7　输入书目数据（2）

先通过下拉菜单选择数据类型，再将书目数据输入每个数据的对应框内，再依次输入姓名、书刊名称、关键词等，输入过的词语将会成为 EndNote Library 中的备选词语，最后呈现出的状态如图 4-8 所示。

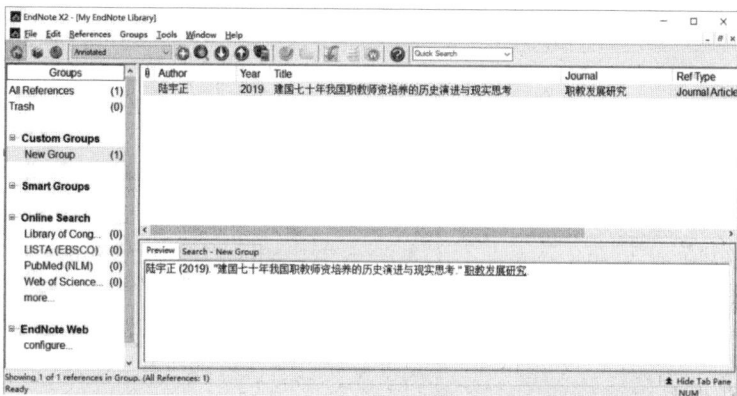

图 4-8　输入书目数据后的界面

2. 完成数据键入

在完成书目数据的输入后，需要单击工具栏中的"File"，再执行"Close Library"命令，便可关闭 EndNote Library，而你本次录入的数据将会被保存。

（二）附加图书馆文献

学会了如何设置 EndNote Library 的目录，相当于已经编辑好图书馆中的索引目录，但是还未将你所研究的文献导入其中。各类图片、数据、PDF 文档等都可以导入 Library 中，而对于职业教育的研究者，更多地要将相关的论文文献导入其中。在导入数据后，再通过索引目录的指引，你所需要的文件便可一览无余了。本书将介绍通过 EndNote Library 附加文献的 3 种方式。

1. 文献材料的直接导入

双击建立好的文献目录（见图 4-9），然后通过拖拽的方式直接将所需要的文献放置在 EndNote Library 的 "File Attachments" 中，具体操作如图 4-10 所示。

图 4-9　双击文献目录

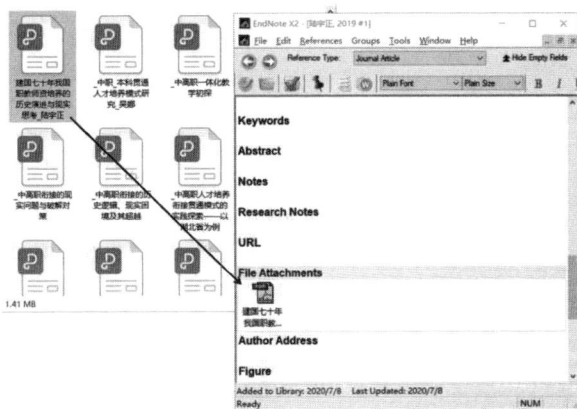

图 4-10　文献直接置于 EndNote Library 中

2. 文献材料的快捷导入

双击建立好的文献目录后，还可以直接右击"File Attachments"，执行"Attach File..."命令，再选择需要添加的文献，使用快捷键进行文献的导入，如图 4-11 所示。

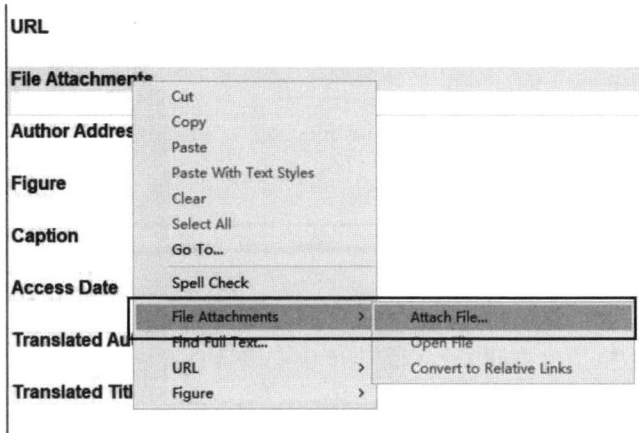

图 4-11　通过快捷键将文献置于 EndNote Library 中

3. 文献材料通过菜单栏导入

选择好需要添加文献的书目后，单击菜单栏中的"References"，再执行"Attach File..."命令（见图 4-12），然后找到文献所在的文件夹，选中后单击"打开"按钮即可。

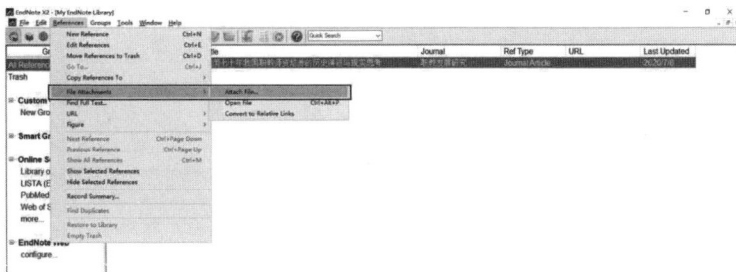

图 4-12　通过菜单栏将文献置于 EndNote Library 中

除了相关文献，EndNote Library 还可以导入其他形式的材料，如图片、文档等，其可接受的文件格式如表 4-1 所示。

表 4-1 EndNote Library 可接受的文件格式

图片（Image）	对象（Object）	
.BMP .GIF .JPEG .PNG .TIFF	WAV、MP3 Access files Excel files Power Point files Project files Visio files	Word files MOV、QuickTime PDF files Technical drawing files Text files （.TXT、.RTF、.HTML）

（三）由各类数据库的间接导入

许多数据库允许研究者将数据库中的内容直接导入 EndNote Library，只需要单击一下鼠标就能实现多种数据的导入。

1. 以万方数据库为例

研究者如果在万方数据库中查询到对自己有用的文献资料，可以按照以下操作步骤将其导入 EndNote Library 中，万方数据库网页主页如图 4-13 所示。

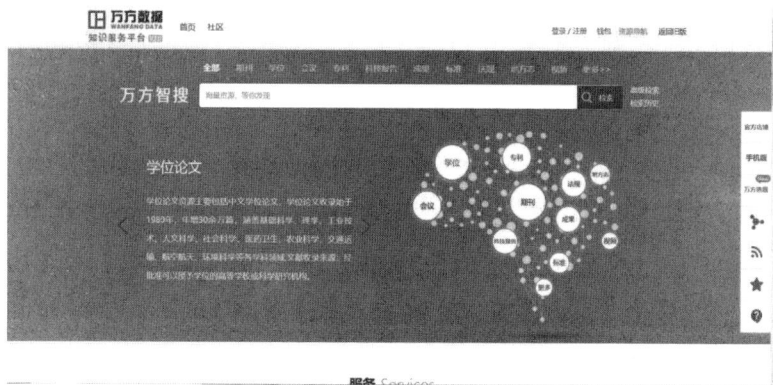

图 4-13 万方数据库网页主页

在网页中进行文献的检索，选择需要下载的文献资料，单击"导出"按钮，进入导出页面，如图 4-14 所示。

图 4-14　导出所需数据

在导出页面中单击"EndNote"按钮（见图 4-15），将会出现 EndNote 导出页面，再单击"导出"按钮，将弹出文件下载对话框，保存文献即可。

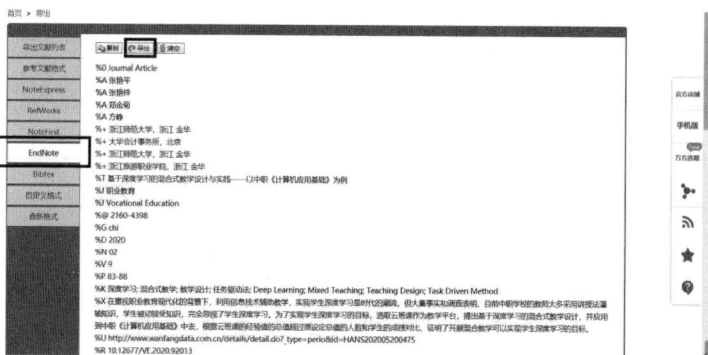

图 4-15　保存导出数据

2. 以维普数据库为例

维普数据库的网页主页如图 3-68 所示，将其中的文献导入 EndNote

Library 的步骤如下。

在检索框中输入所要检索的关键词，再选择需要导出的文献资料，单击"导出题录"按钮，如图 4-16 所示。

图 4-16　选择所需文献

在导出页面中选择"EndNote"（见图 4-17），单击"导出"按钮，便会弹出"文件下载"对话框，保存所选数据，即可将资料导入EndNote Library 中。

图 4-17　保存导出数据

3.以中国知网数据库为例

中国知网数据库虽然得到全球推崇，但该数据库不支持书目直接导入 EndNote 功能，但可以间接导入，其步骤如下。

先在检索结果界面选择所需要的文献，单击"导出 / 参考文献"按钮（见图 4-18），等进入下一页面后单击"复制到剪贴板"按钮，然后将所选内容储存为纯文本（.txt）格式，编译方式为"Chinese Simplified（GBK）"，如图 4-19 所示。

图 4-18　将数据导出

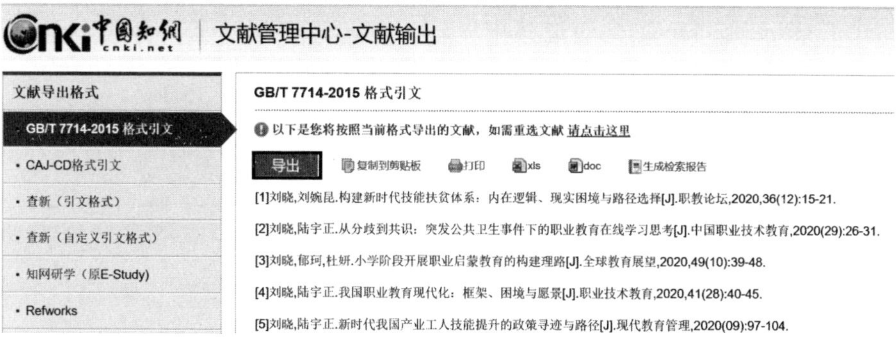

图 4-19　将导出数据保存为纯文本文件

4. 以链接在线数据库为例

研究者通过 EndNote Library 的"Online Search"功能，可以在 Library 界面内完成所有检索工作，这样的方式不仅省时省力，而且无须记忆各种不同数据库的特殊下载路径。

然而，链接在线数据库必须要有使用该数据库的权限，例如研究者所在的学校网络具有使用权限，研究者才能登录 EndNote，才能看到页面左侧的"My Library"栏中已经出现的"Online Search"选项。

三、EndNote Library 的管理

前面已经介绍了 EndNote Library 的建立和文献资料的导入，接下来将介绍研究者如何通过 EndNote Library 与其他研究者进行分享、个性化设定、合并和压缩等操作。

（一）建立书目群组

一台计算机可以建立多个 EndNote Library，每一个 EndNote Library 都有自己的馆藏目录，在查询数据时必须分别查询每个目录。但其实，研究者可以建立一个 EndNote Library，再通过其中的 Groups 功能将数据分门别类地排列在不同的书架上。

1. 建立书目群组

在 EndNote Library 中建立 Groups 主要有两种方法：

第一种方法是右击"Custom Groups"，如图 4-20 所示，再执

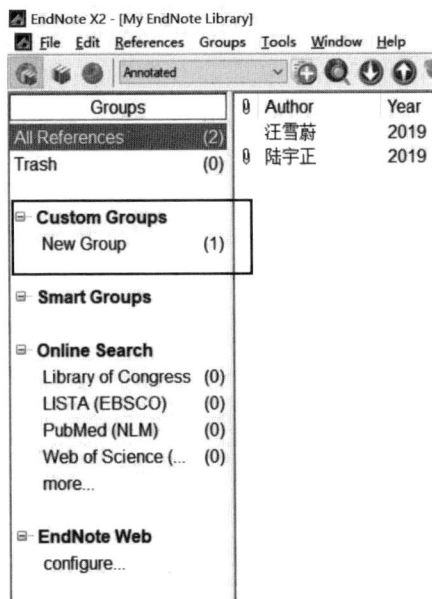

图 4-20 执行"Custom Groups"命令

行"Create Group"命令。

第二种方法则是单击菜单中的"Groups",执行"Create Group"命令,如图 4-21 所示。

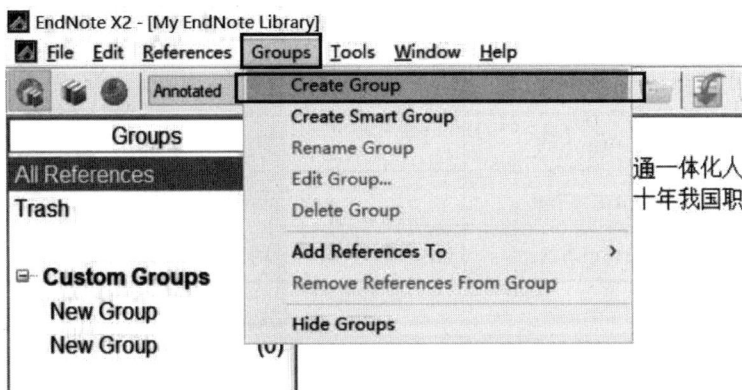

图 4-21　通过菜单栏建立 Groups

随后,再为新的 Groups 命名。重复以上的操作可以建立足够多的书目,接着通过拖拽的方式将文献资料放置在适合的 Groups 中,每个文献资料只能放在一个 Group 中,至于没有归类的文献资料会继续存于尚未归档的位置,如图 4-22 所示。

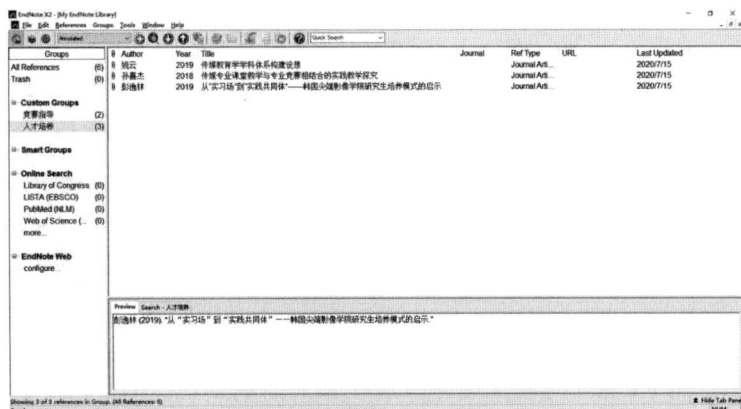

图 4-22　存放书目数据

其他与 Group 相关的选项如表 4-2 所示。

表 4-2　其他与 Group 相关的选项

名称	含义
Create Group	建立书目群组
Create Smart Group	建立智能书目群组
Create Group Set	建立群组集
Rename Group Set	重新命名群组集
Delete Group Set	删除群组集

2. 建立智能书目群组

建立智能书目群组是通过检索（Search）功能将 EndNote Library 中具有某些条件的文献资料汇集一起的重要方式。建立智能书目群组需要右击"Smart Groups"按钮，执行"Creat Smart Group"命令，如图 4-23 所示，然后在出现的对话框中输入所需检索的各种条件，在输入完毕后单击"Creat"按钮即可。

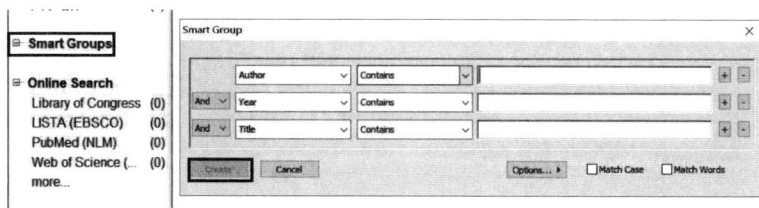

图 4-23　自动形成智能书目群组

（二）检索书目数据

EndNote Library 的便捷性还体现在强大的检索功能上，由于所有文献资料都是数字数据，查询的过程就变得与在真实图书馆中进行书目搜索一样了，即只需要输入不同的检索词，就能轻松找到所需的资料了。在软件右上方的快速检索字段"Quick Search"，可以直接输入关键词，按键盘上的回车键进行检索。

（三）找出重复的书目数据

EndNote Library 内可能存在许多重复的文献或者文献中的关键信息，利用"Find Duplicates"功能就能精准进行书目对比。"Find Duplicates"功能主要通过对比"作者""文章名称""出版年"这 3 个信息来设定需要辨识的字段。

要找出图书馆中重复的文献资料，可以单击菜单栏中的"References"按钮，执行其下拉列表中的"Find Duplicates"命令寻找相同的文献资料，如图 4-24 所示。

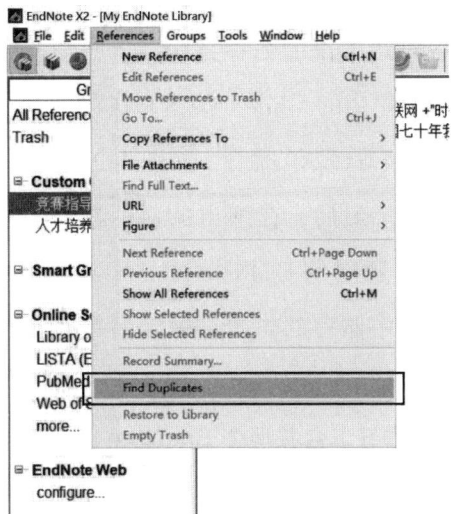

图 4-24　找出重复的文献资料

（四）EndNote Library 的复制与备份

就像任何重要文件都需要备份一样，所建立的 EndNote Library 也需要备份以防数据丢失。同时，当与他人共享资源时也可以复制 Library 以供使用，复制 EndNote Library 就如同复制文件一样，方法较为简单。

1. 复制与粘贴

如同复制 Word 文档一样，只需要点击鼠标右键，在弹出的快捷菜单中执行"Copy"命令，并在选定的位置粘贴文件即可，但在复制 EndNote Library 时一定要复制整组数据，即图书馆的 .enl 和 .Data 文件，只有将这两个文件共同复制到目标区域才算完成对 EndNote Library 文件的复制与粘贴。

2. 另　存

直接利用 EndNote Library 的"Save a Copy"功能就能实现对图书馆的另存备份，单击菜单栏中的"File"按钮和执行"Save a Copy"命令，如图 4-25 所示。最后，在弹出的对话框中为复制的 EndNote Library 文件选中储存的位置，确定后单击"保存"按钮即可。

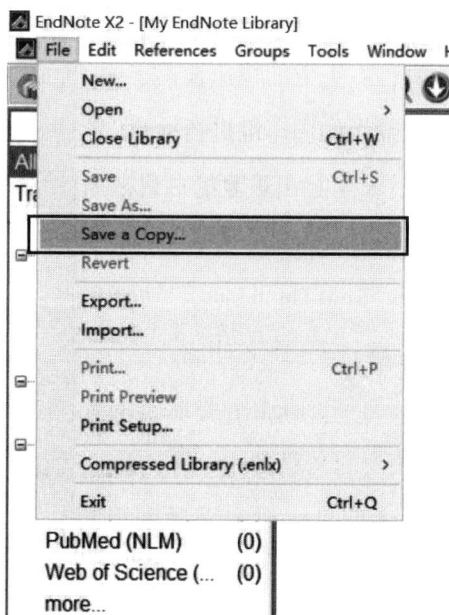

图 4-25　另存整个 EndNote Library

（五）合并两个 EndNote Library

如果要和其他研究者共享或者分享 EndNote Library 资料，可以将复制后的 EndNote Library 与自己的 EndNote Library 合并。具体步骤为：第一，选定一个图书馆，依次单击菜单栏中的"File"按钮和执行"Import"命令，将另一个 EndNote Library 的数据导入其中，在弹出的 Import 对话框中单击"Choose File..."按钮，指定想要的 EndNote Library 路径，再在"Import Option"的下拉列表中选择"EndNote Library"选项，如果无此选项，则选择"Other Filters"，如图 4-26 所示；第二，单击"Import"按钮后可以看到"Membrane Filtration"，这就说明所选中的 EndNote Library 已经完成合并了。

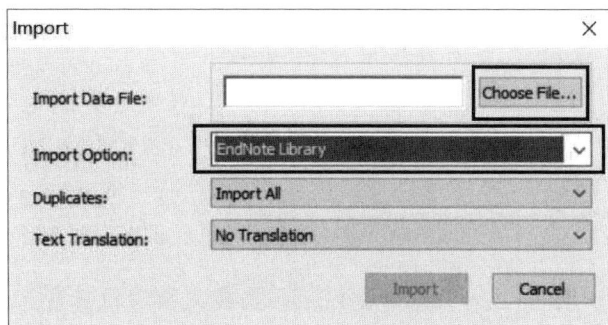

图 4-26 进行导入设定

四、利用 EndNote Library 撰写论文

EndNote Library 除了具有文献资料收集、导入、管理等功能，还能帮助研究者解决排版和调整格式等过程中存在的问题，主要流程为：第一，利用 EndNote 模板精灵进行格式、段落的调整；第二，利用"Cite While You Write"功能插入参考文献，并且自动形成正确的书目引用格式。

利用 EndNote Library 进行论文撰写基本可以参考图 4-27 所示逻辑关系图，在建立 Library 并搜集大量文献后就可以直接开始论文撰写工作了。研究者可以根据 EndNote Library 内部的论文撰写范本直接进行论文的撰写，只需要完成插入文内引用和参考文献即可实现"Cite While You Write"功能，这种操作可以简称为"CWYW"。

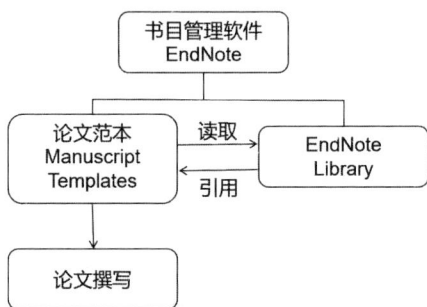

图 4-27   EndNote Library 与论文撰写的关系

1.EndNote 论文范本

无论是撰写学位论文还是期刊论文，都必须遵循一定的格式要求，这种格式要求不仅包括对段落、字体、字型的要求，而且还对引用文献有着严格的要求。以中华职业教育社主办的《教育与职业》为例，该期刊的投稿要求中详细规定了投稿时的各类注意事项，图 4-28、图 4-29 及图 4-30 列出了该期刊的部分投稿规定。

文稿书写格式及要求。来稿请按如下顺序撰写：文题、作者姓名、摘要（不超过 200 字）、关键词、作者简介（真实姓名、出生年份、性别、籍贯、工作单位、职务、职称、学位和工作单位所在省区市、邮编）、中图分类号、文献标识码、正文、注释、参考文献及英文题目和作者拼音名。若是有基金资助或课题经费资助的论文，请在［作者简介］后用［基金项目］注明基金项目名称或课题项目名称及编号。

• 文题：应简明确切地反映文章的特定内容，以不超过 20 字为宜，一般不用副标题。

• 关键词：2～5 个，采用教育教学标准主题词，若规定标准词表中无该关键词的可使用自由词。

• 中图分类号、文献标识码：此两项共占一行。例如：[中图分类号]G42 [文献标识码]A。

• 图表：凡文字能说明的内容尽量不用表和图。文中的表或图应各有表题、图题，同时必须有相应的表序号和图序号。表中需说明的问题采用*，**，***表示，并置于表的下方加"注：......"。做图要规范，图坐标要设计准确，刻度均匀。

• 名词使用：文中所用专用名词不要随意缩写，如所用名词过长，而文中又需多次使用，则应在第一次使用时在全名后加圆括号注明缩写。

• 计量单位：使用我国法定计量单位。标点符号、数字用法等均按国家标准执行。

• 标题序号：可按四级小标题的格式，如："一、""（一）""1.""（1）"；一级、二级标题另起段，正文另起段；三级、四级小标题不另起段，与正文接排。

• 注释：注释是对正文中某一特定内容的诠释和说明，用数字加圆圈标注如①②......，置于文后，标注文献类型。中文注释须依次标明序号（外加圆圈）、作者、书名、出版地、出版社、出版年份、页码；外文注释须依次标明序号（外加圆圈）、作者姓、作者名、书名、出版地、出版社、出版年份、页码。

图 4-28   《教育与职业》期刊论文的书写格式及要求

· 参考文献：所列参考文献只限作者亲自阅读过的近期公开出版的主要文献，按文中首次出现的次序编号，内部刊物或未公开发表的资料均不列入。参考文献置于注释之后，标注文献类型。中文参考文献须依次标明序号（外加方括号）、作者（年代久远或作者确实不明时可以标注佚名）、书名、出版地、出版社、出版年份；外文参考文献须依次标明序号（外加方括号）、作者姓、作者名、书名、出版地、出版社、出版年份。既有中文文献又有外文文献的，请按中文在前、外文在后的顺序分别排列，并以第一作者姓氏的汉语拼音及外文字母为序。同时出现多国文献时，按照中日西俄的顺序排列；若引用文章为电子资源，请注明网络地址、更新或修改日期、引用日期。引自序言或扉页题词的页码，按实际情况著录。

· 文献类型：以单字母标识（外加方括号），如专著（普通图书）为［M］，论文集（会议录）为［C］，汇编为［G］，报纸文章为［N］，期刊文章为［J］，学位论文为［D］，研究报告为［R］，档案为［A］，舆图为［CM］，数据集为［DS］，未说明的文献为［Z］，数据库为［DB］，电子公告为［EB］，联机网络为［OL］，联机网上数据为［DB/OL］，网上电子公告为［EB/OL］。

图 4-29　《教育与职业》期刊论文的参考文献要求

3.常用注释和参考文献标注举例：

［注释］
①⑤石中英.知识转型与教育改革［M］.北京：教育科学出版社，2001：40，48.
②陈宇.我国职业资格证书制度的回顾与前瞻［J］.教育与职业，2004（1）：46.
③Harris，Peter. Foundations of Public Administration：A Comparative Approach［M］.Hong Kong：Hong Kong University Press，1990：43.
④Hindson，Colin E. Educational Planning in Vanuatu：An Alternative Analysis［J］.Comparative Education，1995（31）：327.
⑥李约瑟.题词［M］//苏克福，管成学，邓明鲁.苏颂与《本草图经》研究.长春：长春出版社，1991：扉页.

［参考文献］
［1］白书农.植物开花研究[M]//李承森.植物科学进展.北京：高等教育出版社，1998.
［2］陈桂生.教育学的迷惘与迷惘的教育学［J］.华东师范大学学报：教育科学版，1989（3）.
［3］黄炎培.职业教育谈[G]//田正平，李笑贤.黄炎培教育论著选.北京：人民教育出版社，1993.
［4］（美）库恩.科学革命的结构：第4版［M］.金吾伦，胡新和，译.2版.北京：北京大学出版社，2012.
［5］毛泽东选集：第2卷［M］.北京：人民出版社，1964.
［6］潘懋元.开展高等教育理论的研究［N］.光明日报，1978-12-07.
［7］吴云芳.面向中文信息处理的现代汉语并列结构研究［D/OL］.北京：北京大学，2003［2013-10-14］.http://thesis.lib.pku.edu.cn/dlib/List.asp?lag=gb&type=Reader&DocGroupID=4&DocID=6328.
［8］萧钰.出版业信息化迈入快车道［EB/OL］.（2001-12-19）［2002-04-15］.http://www/creader.com/news/20011219/2001121900.html.
［9］中国社会科学院台湾史研究中心.台湾光复六十五周年暨抗战史实学术研讨会论文集［C］.北京：九州出版社，2012.
［10］中国互联网络信息中心.第29次中国互联网络发展现状统计报告［R/OL］.（2012-01-16）［2013-03-26］.http://www.cnnic.net.cn/hlwxzbg/201201/P020120709345264469680.pdf.
［11］CAPLAN P. Cataloging internet resources［J］.The public access computer

图 4-30　《教育与职业》期刊论文的参考文献举例

在准备向其期刊投稿前，需要详细阅读这些注意事项，并严格按照要求进行文章撰写。而通过 EndNote 内建的论文范本（Manuscript Template），则不必再花费过多的时间关注文章中各段落的次序、字体及行距等规定，可便捷地插入参考文献，帮助完成论文撰写工作。

2. 插入参考文献

目前，通过 EndNote Library 的"CWYW"功能可以轻松实现选定参考文献的自动插入，其方法如下。

同时打开 EndNote 和 Word 文件，选择一个或者数个书目后直接拖拽到需要放置的文档位置，如图 4-31 所示。

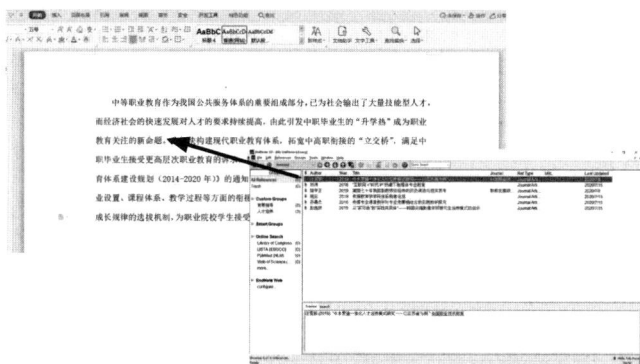

图 4-31　直接将书目拖拽到文件内

五、EndNote Library 的实例演示

在了解了 EndNote 的使用理论后，现在需要通过实践来快捷地进行文献管理和插入，提升写作效率。目前，市面上有较多的 EndNote 安装软件，适合职业教育研究者的基本是从 X2 到 X9 的版本，研究者可以直接从网络中下载相关资源。

（一）完成文献导出

前面的讲解提到，研究者可以通过各类资源库（如中国知网、万方数据库等）完成对相关文献的检索，例如用中国知网检索"职业技能竞赛的教学模式"相关文献，如图4-32所示，可单击"检索"按钮跳转到论文浏览界面。

图4-32 在中国知网主页搜索

在论文浏览界面，研究者得以查看众多与检索主题相关的论文，如图4-33所示。

图4-33 查看相关文献

然后，单击"导出/参考文献"按钮，等进入下一页面选择"EndNote"后，单击"导出"按钮，将所选内容储存为纯文本（.txt）格式（见图4-34），在跳出的下载任务栏中选择保存路径后单击"下载"按钮即可。

图4-34 将导出数据保存为纯文本文件

此时，研究者会在刚才的保存路径中看到一个新的 EndNote 文件，如图4-35所示，到此，文献导出任务已经完成。其他资源库的文献导出，详见下文。

图4-35 保存路径下的 EndNote 文件

（二）导入 EndNote

双击上述新的 EndNote 文件，进入 EndNote Library 后可在"Groups"中看到"Imported References"，此时刚刚选中的文献资料信息已经被完整地录入 EndNote Library 中，研究者可以在其中清晰地看到文献资料的作者、题目、刊登期刊及摘要等内容，如图4-36所示。

图4-36 将文献信息导入 EndNote

等到研究者完成大量文献的阅读和导入操作后，就可以形成一个规模庞大的"个人 Library"，此时只需要在 EndNote Library 中进行简单操作就能查阅这些文献信息。

（三）通过 EndNote 写作

随着研究者所需要论文数量的增加，EndNote Library 中的文献信息会越来越多，此时研究者也基本了解了所研究领域的研究现状。在这样的基础上，EndNote Library 将会有助于研究者的论文撰写工作。

在完成文献阅读后，打开 EndNote 和 Word 文件，在 Word 文档上选择一个或者数个书目后直接拖拽到需要放置的文档位置，形成如图 4-37 所示的参考文献引用。

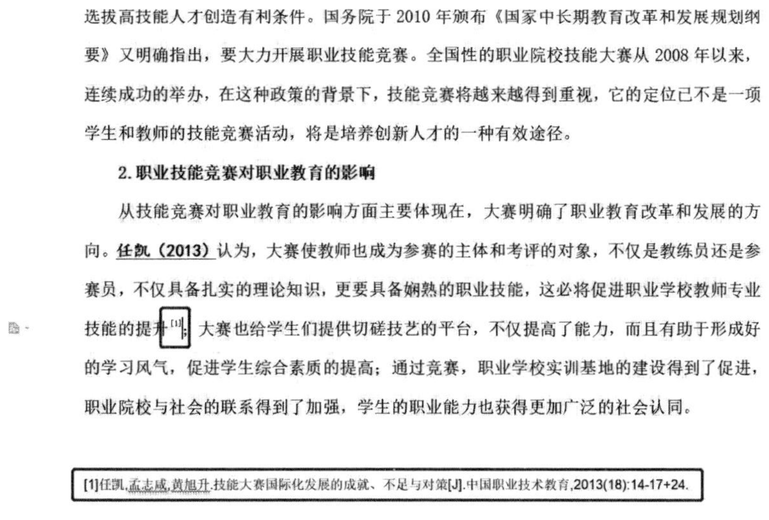

选拔高技能人才创造有利条件。国务院于 2010 年颁布《国家中长期教育改革和发展规划纲要》又明确指出，要大力开展职业技能竞赛。全国性的职业院校技能大赛从 2008 年以来，连续成功的举办，在这种政策的背景下，技能竞赛将越来越得到重视，它的定位已不是一项学生和教师的技能竞赛活动，将是培养创新人才的一种有效途径。

2.职业技能竞赛对职业教育的影响

从技能竞赛对职业教育的影响方面主要体现在，大赛明确了职业教育改革和发展的方向。任凯（2013）认为，大赛使教师也成为参赛的主体和考评的对象，不仅是教练员还是参赛员，不仅具备扎实的理论知识，更要具备娴熟的职业技能，这必将促进职业学校教师专业技能的提升[1]。大赛也给学生们提供切磋技艺的平台，不仅提高了能力，而且有助于形成好的学习风气，促进学生综合素质的提高；通过竞赛，职业学校实训基地的建设得到了促进，职业院校与社会的联系得到了加强，学生的职业能力也获得更加广泛的社会认同。

[1]任凯,孟志成,黄旭升.技能大赛国际化发展的成就、不足与对策[J].中国职业技术教育,2013(18):14-17+24.

图 4-37　将文献信息导入 EndNote

第二节　利用 CiteSpace 完成文献可视化分析

CiteSpace 是 Citation Space 的简称，国内将其翻译为"引文空间"，它是一款主要用于文献研究的多元化、动态化的可视化分析工具。由于 CiteSpace 是通过可视化技术来呈现各个研究领域的知识结构和发展规律的，其被应用于科学文献中识别并显示科学发展新趋势和新动态，即使用 CiteSpace 不仅可以挖掘引文空间，还能提供对其他知识单元之间的共现分析。总之，CiteSpace 目前的用户分布十分广泛，用户数量也越来越庞大，职业教育领域的研究者可以通过掌握 CiteSpace 来提高自身的文献知识分析能力。

CiteSpace 能帮助职业教育领域的研究者解决的主要问题包括：

（1）在职业教育研究领域中，哪些文献具有开创性和标志性？

（2）在职业教育研究领域的发展历程中，哪些文献起着关键作用？

（3）哪些主题在职业教育研究领域中占据着主流地位？

（4）不同的研究领域之间是如何相互关联的？

（5）基于一定知识基础的职业教育研究前沿是如何发生演变的？

一、数据采集与处理

（一）进行文献检索

在进入中国知网首页后，在中国知网的检索界面进行"高级检索"，在选择好“主题”“来源期刊”和“时间”等数据后开始检索，如图 4–38 所示。

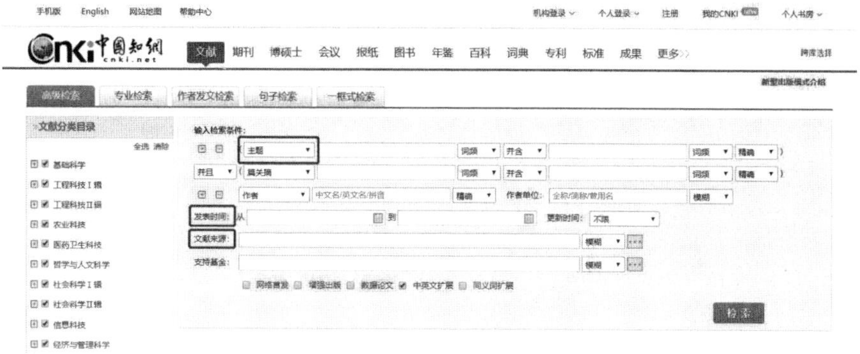

图 4–38　中国知网数据检索设置

在得到所需要的检索文献后，需要剔除结果中的新闻、会议通知等内容，为了方便手工删除，研究者可以在下载时逐页检查，点击“学科”“发表年度”“基金”及“研究层次”可以对数据的分布进行初步的分析。

（二）进行信息下载

在选中所需文献后，单击检索页面中的“导出 / 参考文献”按钮，进入数据下载页面，下载页面如图 4–39 所示。

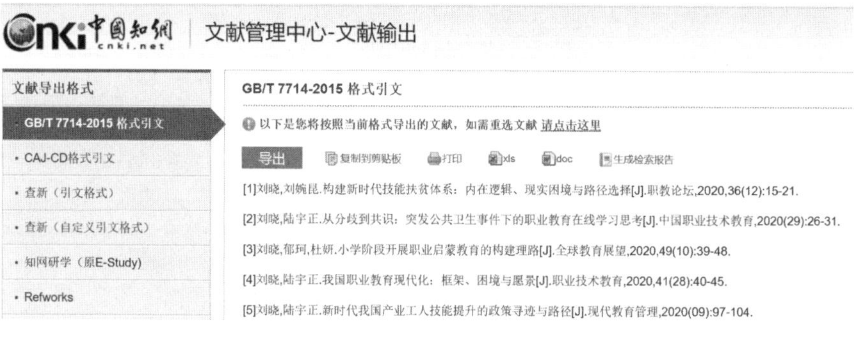

图 4–39　信息下载界面

使用 CiteSpace 进行分析的文献输出格式为"Refworks"（见图 4-40），在单击"Refworks"按钮后直接单击"导出"按钮下载文献。

图 4-40　信息导出界面

（三）查看文献信息

最后呈现出的文献信息存于一个文本文档（.txt）中，涉及的内容如图 4-41 所示。需要说明的是，通常 CiteSpace 用户收集的文献题录数据都会包含 PT（文献类型）、AU（作者）、SO（期刊）、DE（关键词）、AB（摘要）、C1（机构）及 CR（参考文献）等内容，但下载的数据中是不包含参考文献信息的。

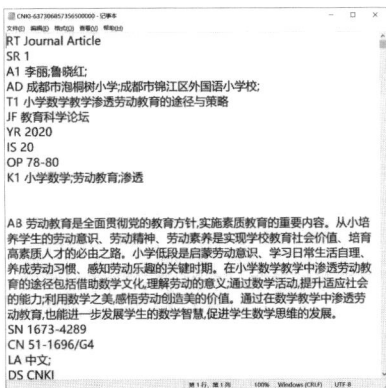

图 4-41　CiteSpace 用户收集的文献题录数据

二、CiteSpace 的安装及功能

CiteSpace 软件是一个通过分析节点间关系、关键词聚类等来分析研究热点、研究前沿、核心作者及机构等的可视化分析工具，因此研究者需要在完成软件的安装后导入文献资料才可进行操作。

（一）CiteSpace 的下载与安装

1. 登录 CiteSpace 的下载页面

CiteSpace 软件的下载页面为"http://cluster.ischool.drexel.edu/~cchen/citespace/download/"。

2. 下载 CiteSpace 文件

单击"Download CiteSpace"按钮，在弹出的下拉列表中选择想要保存的地址，单击"下载"按钮即可开始下载软件文件，如图 4-42 所示。

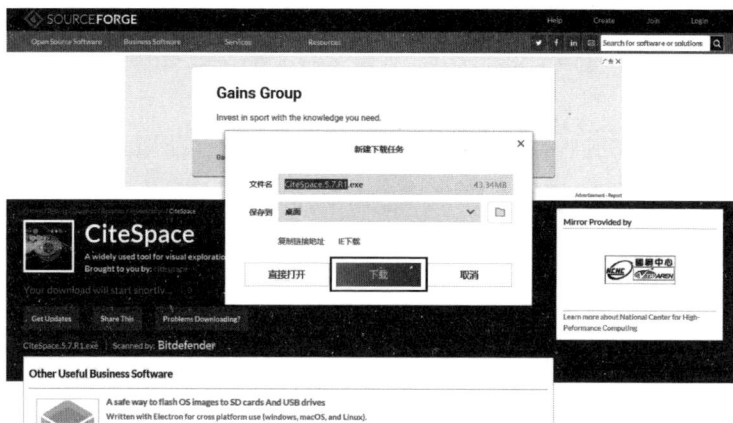

图 4-42　数据下载界面

3. 解压 CiteSpace 文件

完成下载后，需要解压 CiteSpace 文件，新版的 CiteSpace 软件已经对程序进行了打包处理，因此仅需要解压文件包，再运行 StartCiteSpace.bat 文件即可打开软件。需要注意的是，部分计算机用户在解压文件前需要安装 JAVA 程序，具体下载网站为"https://www.java.com/zh_CN/

download/win10.jsp"。

4. 运行 CiteSpace

完成 CiteSpace 文件解压后，单击"StartCiteSpace.bat"文件即可运行 CiteSpace 软件。首次运行时，在联网状态下，软件可自动安装和配置相关文件，如图 4-43 所示。

图 4-43　CiteSpace 在首次运行时的基本信息配置

等待配置完成后，研究者将进入 CiteSpace 软件使用向导和条款填写界面，最终呈现如图 4-44 所示的使用主界面。

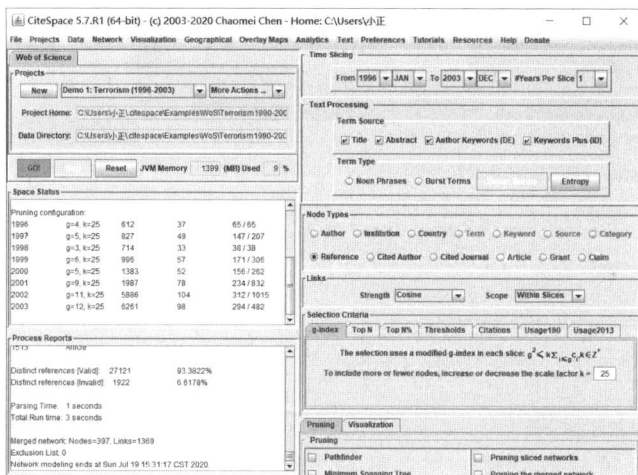

图 4-44　CiteSpace 软件使用主界面

（二）CiteSpace 的界面及功能

CiteSpace 的界面及功能对研究者使用 CiteSpace 软件完成简单的数据分析有一定帮助，它主要分为功能与参数设置区域和分析结果的可视化界面。

1. 功能区与参数区

功能区与参数区是 CiteSpace 对数据处理的原理区域，研究者只有充分了解这一区域的使用，才能保证后期对文献资料分析的结果的准确性。CiteSpace 软件的菜单栏如图 4-45 所示，包含 File（文件）、Projects（项目）、Date（数据）、Network（网络）、Visualization（可视化）、Geographical（地理化）、Overlay Maps（图层叠加）、Analytics（分析）、Text（文本）、Preferences（偏好）及 Help（帮助）等。

File（文件）的功能主要用于对当前的功能界面参数进行保存和软件退出。

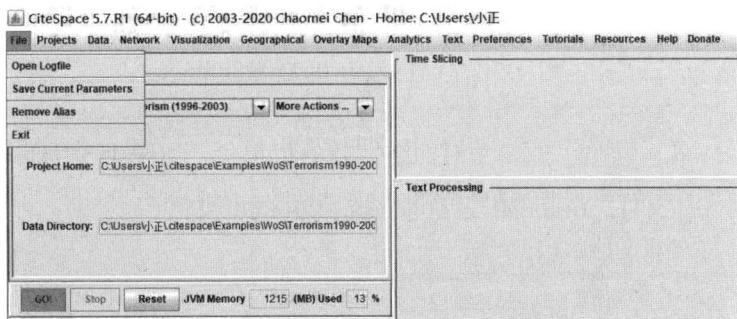

图 4-45　CiteSpace 的文件菜单

Projects（项目）的功能主要为新建、编辑及删除分析工程项目，如图 4-46 所示。

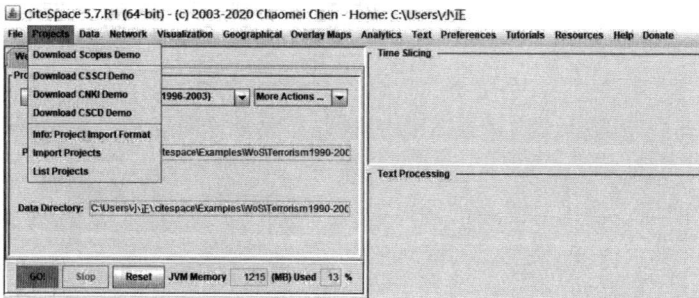

图 4-46　CiteSpace 的项目菜单

Data（数据）主要用于过滤和转换数据，如图 4-47 所示。

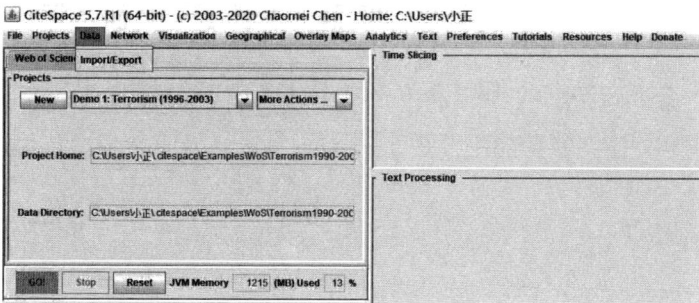

图 4-47　CiteSpace 的数据菜单

Network（网络）主要是对网络文件的可视化，如图 4-48 所示，其中包含 .net 文件、GraphML 及 Adjacency List 的可视化。

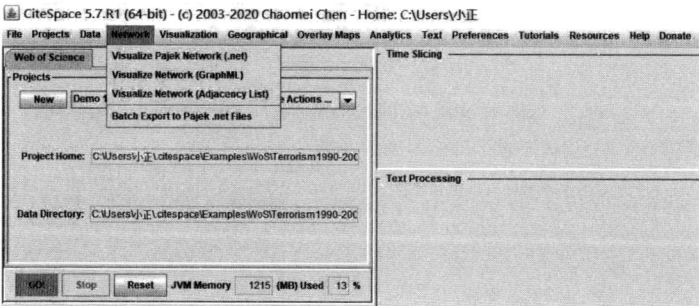

图 4-48　CiteSpace 的网络菜单

Visualization（可视化）主要用来读取 CiteSpace 分析得到的可视化文件，如图 4-49 所示。

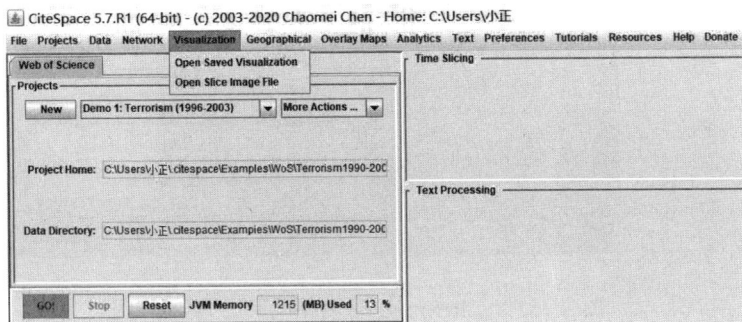

图 4-49 CiteSpace 的可视化菜单

以上便是 CiteSpace 软件主要的五大菜单栏的功能。

2. 可视化菜单功能

当对数据进行分析后，通常会进入网络可视化与编辑界面。网络可视化界面包含的主要菜单有 File（文件）、Metrics（计量）、Visualization（可视化）、Clusters（聚类）、Export（导出）及 Help（帮助），如图 4-50 所示。

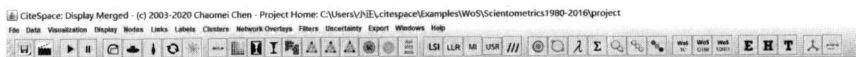

图 4-50 CiteSpace 网络可视化与编辑界面的菜单栏

3. 可视化界面功能

在 CiteSpace 的网络可视化界面中，还提供了一些常用的快捷键功能（整体界面如图 4-51 所示），这些快捷键功能在 CiteSpace 的网络可视化界面菜单中也能找到。

图 4-51　CiteSpace 的网络可视化界面

　　首先介绍节点信息的列表区域，研究者可以按照 Freq（频次）、Centrality（中心性）、Year（首次出现年份）及 Cited Reference（节点的标签属性）对显示的信息进行排序，具体方法为用鼠标点击对应位置即可，若想隐藏某个节点，只需要点击首列的 Visible 左侧的按钮，将选中改为去选即可。

　　该界面还涉及一些结果保存、显示编辑和计算的快捷功能（见图 4-52），这里的快捷键按钮主要为"保存分析的可视化文件""保存图片""网络的重新计算和布局""整个网络蓝色与彩色显示切换""网络视图背景颜色的修改"及"背景颜色为黑色及背景颜色为白色"，研究者可以根据自己的需求来使用不同的功能。

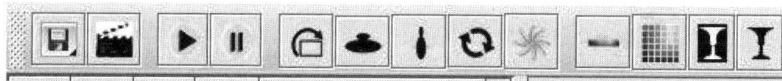

图 4-52　CiteSpace 的快捷功能

　　在这些功能中还有 CiteSpace 软件专门设置出来进行网络聚类分析的快捷功能（见图 4-53），如：单击 按钮即可完成网络聚类；其中按钮代表聚类的命名术语，包括从施引文献的标题、关键词或者摘要中提取。在研究中，比较常见的是从标题中提取名词性术语为聚类命名。

图 4-53 CiteSpace 的网络聚类及其命名

除此以外，CiteSpace 中还具有节点现实样式的快捷调整功能，如图 4-54 所示的是对可视化网络图中节点属性的调整功能区。

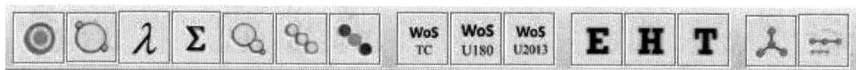

图 4-54 CiteSpace 中节点样式的快捷调整功能区

（三）CiteSpace 项目的建立

前面已经对数据的采集及预处理的各个功能做了简要的介绍，下面主要介绍如何结合已有的数据建立 CiteSpace 项目，并在软件中对数据进行分析，这里的分析以系统中已有的"Scientometrics1980—2016"项目为例。

1. 建立相关文件夹

首先需要建立一个文件夹，并命名为"Scientometrics1980—2016"，在此文件夹下建立两个子文件夹"data"和"project"，复制下载的数据文件放到"data"文件夹，"project"文件夹则保持为空，该"project"文件夹主要用于保存分析后的结果，如图 4-55 所示。

图 4-55 在 CiteSpace
中建立文件夹

2. 新建分析项目

单击 CiteSpace 功能与参数页面的"New"按钮，此时会进入 New Project 界面，在 New Project 界面中可进行相关参数的设置，其中"Title"为项目名称，研究者可以进行自定义设置，而"Project Home"对应的是"project"文件夹，"Data Directory"对应的是"data"文件夹。需要注意的是，数据若从中国知网下载，需要选择的"Data Source"为"WoS, Scopus, CSCD, CSSCI"，其他数据则保持默认即可，详见图 4–56。

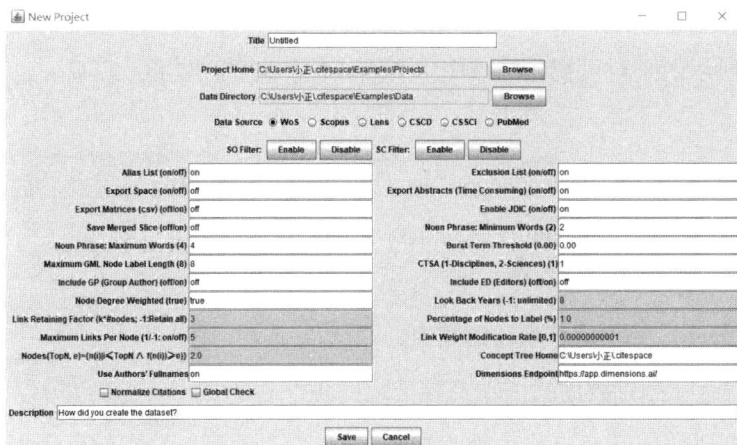

图 4–56　新建工程文件

单击"Save"后研究者可以返回到功能与参数主界面，此时需要对分析的时间、网络参数等进行设置。对于 WoS 数据而言，其数据的知识单元都是完整的，而中文知网数据仅包含作者、机构、关键词、摘要等信息，故可能会存在一定的局限性。当所有的数据都设定好后，单击"Go！"按钮，即可对数据进行分析了。

对项目编辑区窗口提供的其他参数功能的相关介绍如下。

Alias List（on/off）：该功能用于开启或关闭节的合并功能，如果需要将 Behavior 和 Behaviour 合并，那么就要设置此功能为 on，然后在可视化界面进行合并操作。

Exclusion List（on/off）：该功能用于去除一些没有意义或者意义广泛的词汇。

Look Back Years（–1, unlimited）：该功能主要用来控制和提取文献网络中的节点的数量（或者可以理解为最大引用跨度）。例如：设置为10，则表示仅仅提取文献中近10年的文献，超过的则不做考虑；但当参数的数值为 –1 时，所有时间跨度的引用都会包括其中。

Max. No.Links to Retain：该功能主要用来控制网络中连线的最大相邻节点数，例如默认设置为5，指仅仅保留每一个节点关联强度最大的5个连线。

Export Matrices（csv）（on/off）：指导出或不导出所分析网络的矩阵。

Noun Phrase：Minimum words（2）和 Noun Phrase：Maximum words（4）：指分别设置提取名词性术语的最小词语和最大词语，默认值分别为2和4。

Percentage of Nodes to Label（%）：指设置在可视化界面默认显示标签的百分数。

e for TopN={v|f(v)>=min{f[top(N),e]}} 表示如果 f 是被引次数（出现频数），e 是节点要满足的最低被引次数（最低出现频数），当研究者在每个时间切片提取数据 TopN 的数据时，可能排序为 N 的知识单元的数量会很大，这时可以通过设置 e 来进行控制。

3. 文献导入与图谱形成

CiteSpace 的文献导入类似于 EndNote，即按照本章第一节 EndNote 的文献导入规则，打开中国知网进行高级检索，根据所需进行的研究主题进行检索。本节以 "STEAM 教育 + 职业教育" 为主题进行主题检索，时间跨度设置为 2004 年 1 月 1 日至 2020 年 7 月 23 日，无其他限制条件。具体流程如下：在选择所有文献后，单击 "导出 / 参考文献" 按钮，如图 4-57 所示。

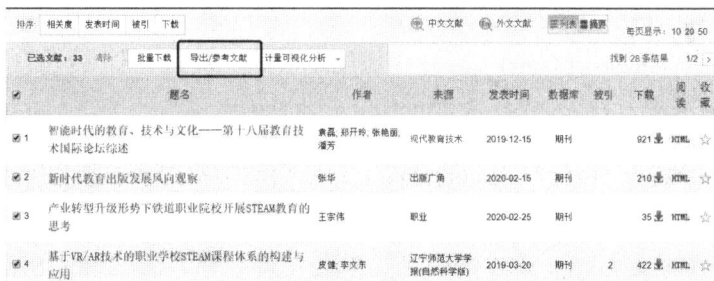

图 4-57　选中所需文献并导出

单击"Refworks"后，再单击"导出"按钮（见图 4-58），保存所下载的文件夹即可实现导出。

图 4-58　选中所需文献并导出

打开 CiteSpace 软件，单击"Data"按钮后执行"Import/Export"命令，如图 4-59 所示。

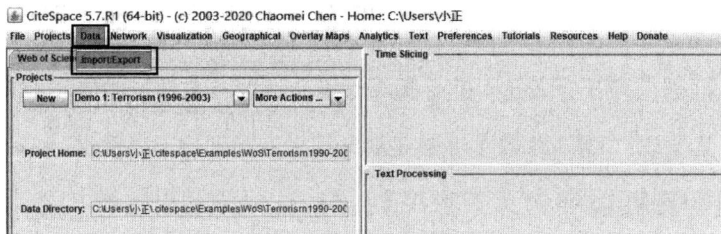

图 4-59　所需文献的导入准备

单击"CNKI"按钮，导入"Input Directory"及"Output Directory"路径，再单击"CNKI Format Conversion（2.0）"按钮，进行格式转换，如图 4-60 所示。当出现"Finished"字样之后，关闭本窗口即可。

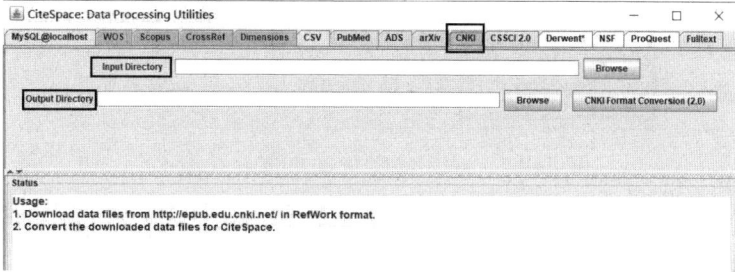

图 4-60　文献资料格式的调整

此时新建项目，单击"New"按钮保存调整好的文档，再单击"GO！"按钮（见图 4-61），在出现的"Your Options"菜单栏中单击"Visualize"即可，如图 4-62 所示。

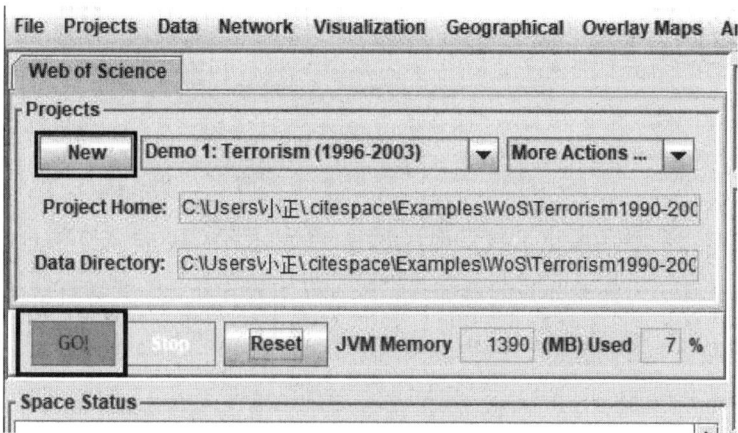

图 4-61　保存文献资料

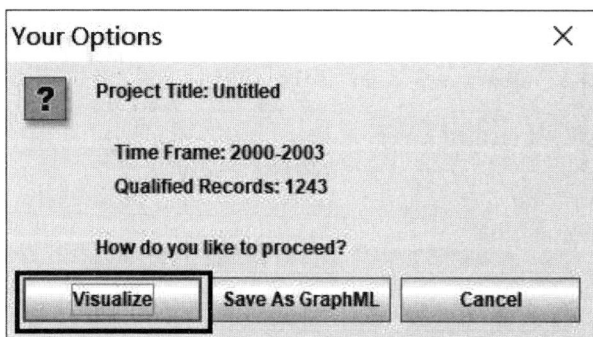

图 4-62　对文献资料进行可视化操作

三、CiteSpace 的实例探索 [①]

广东技术师范大学教育科学与技术学院硕士研究生何俊萍以中国知网为研究资料来源，使用 CiteSpace 5.0 软件分析我国职业教育评价研究中的研究机构分布和作者合作情况，现选取其文章相关部分的研究设计、文献统计分析、研究结论，呈现 CiteSpace 在文献综述中的强大作用。

（一）我国职业教育评价的研究设计

研究文献样本来源于 CNKI 中国知网，限定 1979—2019 年为检索的时间跨度，检索篇名分别为"职业教育 and 评价""职业教育 and 评估""高职 and 评价""高职 and 评估""中职 and 评价""中职 and 评估"，来源类别设定为北大中文核心期刊和南大核心 CSSCI，检索日期为 2020 年 3 月 2 日。为提高分析的准确度，经过人工检查筛选，去掉会议通知、资讯、征稿、院校介绍等与职业教育评价研究明显不相关的无效文献，最终获得有效期刊 1370 篇、硕博士论文 471 篇，共计 1841 篇。作者采

①案例选自：何俊萍.我国职业教育评价研究的知识图谱分析[J].职业教育（下月刊）,2020(8):9-19.

用 CiteSpace 5.0 软件分析研究机构和作者的合作情况，从而得到我国学界关于职业教育评价的研究热点和重要的研究主题，以期为职业教育评价研究的发展提出建设性意见。

（二）我国职业教育评价的文献统计分析

1. 研究机构分布情况

将文献导入 CiteSpace 软件后，对机构的发表文章数量进行统计（见表 4-3），同时生成研究机构合作网络图谱（见图 4-63），用于分析发表文章机构之间的合作情况。

表 4-3　发表文章数量前 20 名的机构

序号	机构	发表文章数量（篇）	序号	机构	发表文章数量（篇）
1	天津大学教育学院	19	11	江苏海事职业技术学院	7
2	天津职业大学	13	12	常州轻工职业技术学院	7
3	江苏经贸职业技术学院	12	13	吉林工程技术师范学院职业技术教育研究院	7
4	西南大学教育学部	12	14	浙江建设职业技术学院	7
5	陕西工业职业技术学院	11	15	常州机电职业技术学院	7
6	华东师范大学职业教育与成人教育研究所	10	16	上海市教育评估院	6
7	西南大学教育学院	10	17	重庆市北碚职业教育中心	6
8	南京工业职业技术学院	8	18	东莞职业技术学院	6
9	教育部职业技术教育中心研究所	8	19	浙江工商职业技术学院	6
10	苏州工业职业技术学院	7	20	宁波城市职业技术学院	6

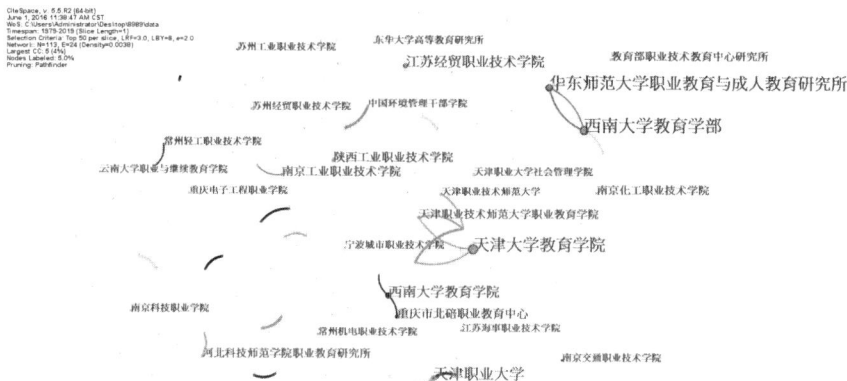

图 4-63　研究机构合作网络图谱

　　这 20 所机构的文章发表总数为 175 篇，约占总量的 9.5%，这些机构组成了我国职业教育评价研究的重要阵地，研究机构呈现出百花齐放的局面。名列前 3 的分别是天津大学教育学院、天津职业大学和江苏经贸职业技术学院，其次分别为西南大学教育学部、陕西工业职业技术学院、华东师范大学职业教育与成人教育研究所、西南大学教育学院、南京工业职业技术学院、教育部职业技术教育中心研究所、苏州工业职业技术学院（前 10 名）。天津大学、西南大学、华东师范大学主要开展职业教育评价理论研究，为职业教育评价实践活动提供理论指导。其他的机构主要以高职高专院校为主，大部分是以自身所在院校为研究对象开展职业教育评价研究，具有一定的实践参考价值。

　　在研究机构合作网络图谱（见图 4-63）中，不同机构的文章发表数量用节点大小来表示，共同合作发表文章的情况用连线粗细来表示，连线越粗表示机构共同合作发表文章的数量越多。由图 4-63 可知，目前职业教育评价研究领域已经形成了两个比较有影响力的研究机构合作群体，分别是由华东师范大学职业教育与成人教育研究所、西南大学教育学部、重庆市教育评估院构成的合作群体和由天津职业技术师范大学、天津大学教育学院等构成的合作群体。

从研究机构的性质来分析，高校教育学院或职教学院是职业教育评价研究的突出贡献者。从研究机构之间的合作量来看，虽然目前形成了两大研究团体，但它们只是在较小范围内进行合作，如天津大学和天津职业技术师范大学的地理位置为其两家机构开展合作研究提供了便利，但合作范围仅仅局限于一个城市。两大合作团队之间的中心性为零，即二者没有形成合作网络，在该领域内还缺乏较强的影响力，且两大研究团队的成果也没有较大范围的推广度。总的来说，研究机构之间的连线较少，且不是很粗，证明学术合作网络的密度较小，机构之间的合作往来不是很频繁，合作范围也只局限于一两个地域，不利于职业教育评价研究领域的信息共享和交流。

2.作者合作状况分析

将研究文献导入 CiteSpace 软件，对文献作者的相关主题文章发表数量进行统计（见表 4-4），同时运用软件对作者的合作情况进行分析，得到作者合作网络图谱（见图 4-64）。

表 4-4　发表文章数量前 20 名的作者

序号	作者	文章数量（篇）	机构	序号	作者	文章数量（篇）	机构
1	朱德全	12	西南大学教育学部	11	刘磊	5	上海市教育评估院职业与成人教育评估所
2	高文杰	9	天津职业大学	12	荣莉	5	泰州职业技术学院高等职业教育研究所

序号	作者	文章数量（篇）	机构	序号	作者	文章数量（篇）	机构
3	孙翠香	7	天津职业技术师范大学职业教育学院	13	欧阳河	4	湖南省教育科学研究院高等教育研究所
4	李鹏	7	华东师范大学职业教育与成人教育研究所	14	李钰	4	上海市教育评估院职业与成人教育评估所
5	王永林	7	东华大学高等教育研究所	15	徐国庆	4	华东师范大学职业教育与成人教育研究所
6	石伟平	6	华东师范大学职业教育与成人教育研究所	16	俞国良	4	中国人民大学心理研究所
7	刘红	5	华东师范大学职业教育与成人教育研究所	17	方向阳	4	苏州工业职业技术学院
8	赵志群	5	北京师范大学职业与成人教育研究所	18	朱雄才	4	金华职业技术学院
9	张宏亮	5	天津职业大学社会管理学院	19	金荣学	4	中南财经政法大学财政税务学院
10	庞学光	5	天津大学教育学院	20	闫志利	4	河北科技师范学院职业教育研究所

分析结果显示，职业教育评价研究文献的主要作者有20位，共发表文章110篇（见表4-4），占文献总量的5.96%。发表相关文献数量最多的是朱德全，共12篇；其次是高文杰、孙翠香、李鹏、王永林、石伟平等。通过研读这些文献发现，上述文献主要都是相关学者依托职业教育评价方面的课题进行撰文的，如石伟平、朱德全、李鹏3位学者依托"职业教育教学质量评价的技术与制度研究"课题开展学术研究合作，高文杰依托项目"高职院校教育质量标准与评价研究"、孙翠香依托课题"职业教育政策执行的监测与评估体系研究"，王永林依托课题"现代职教体系构建进程中的高职教育评估：价值取向与实施路径"开展学术研究。

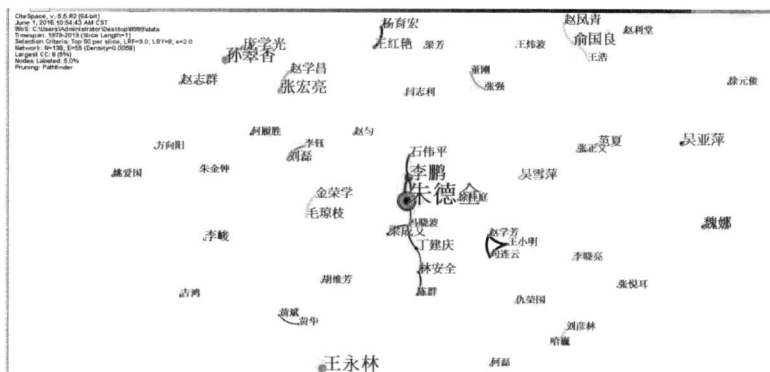

图 4-64 作者合作网络图谱

作者合作网络图谱显示（见图4-64），职业教育评价研究已经形成4个较为清晰的作者合作网络。其中，合作网络规模最大，也最有影响力的是由石伟平、李鹏、朱德全、冯晓波、梁成艾、丁建成、林安全、陈群等人组成的作者团队，他们在职业教育评价研究领域发挥了重要作用。3个较小规模的作者合作团队分别是由孙翠香和庞学光组成的作者团队，由俞国良、赵凤青和王浩（中国人民大学心理研究所）组成的作者团队，以及由张宏亮和赵学昌（天津职业大学社会管理学院）组成的作者团队。孙翠香和庞学光（2014）探讨了我国高职评估的现状，并对存在的问题提出改进策略。俞国良等（2017）考察了高职院校专兼职教师对心理健康教育工作现状的认知与评价。张宏亮和赵学昌（2016）在职业教育质量第三方评价研究领域颇有建树，为职教评价工作提供了诸多意见。

综上所述，不仅教育学的学者研究职业教育评价问题，而且心理学学科和管理学学科的学者们也致力于职业教育评价研究，为该领域的创新和发展做出了突出贡献。但跨单位合作比较少，研究团队之间联系不紧密，合作交流不频繁，学术研究成果并没有形成广泛的共享效益，也没有起到互相借鉴的效果。

（三）我国职业教育评价的研究结论

本研究采用文献计量分析法，以1979—2019年中国知网数据库中关于职业教育评价研究的文献为研究对象，得出以下结论。

1. 从机构发文情况看职教质量

文章发表数量较多的3所高校是天津大学、西南大学、华东师范大学，主要开展职业教育评价理论研究。其他机构主要以高职高专院校为主，以自身所在院校为研究对象开展职业教育评价研究。

2. 从学者依托课题看研究主题

学者们大多依托课题，针对职业教育的不同领域开展职业教育评价研究，为职业教育的内涵式发展保驾护航。而且，不仅教育学学科的学者在研究职业教育评价问题，心理学学科和管理学学科的学者们也致力于职业教育评价研究，为该领域的创新和发展做出了突出贡献。

第五章

职教科研文献综述的撰写

优秀的文献综述能反映出研究专题的历史背景、研究现状和发展趋势，因此，文献综述亦称为学术史回顾。在职教科研工作中，文献综述具有较高的情报学价值，能让职教教师站在职业教育的学术前沿，使职教教师在研究中少走弯路，不做重复的研究。更重要的是，文献综述还涉及学术规范与学术传承问题，伟大的研究成果往往都不会凭空产生，而是在前人的研究基础上的超越。撰写文献综述可以帮助研究者掌握本课题情况，明确研究方向，从而提高科研的总体水平。

第一节 文献综述的类型和特点

文献综述是分析、比较、整理、归纳一定时间和可见范围内的某一特定的研究课题，并形成研究报告的一种文体。

一、文献综述的类型

文献综述有不同的种类，这里举例说明 3 种常见的文献综述分类方式及其种类。

按照综述在科研成果中的所占比例，可以将文献综述分为论文或课题报告中的文献综述和综述性论文与课题。前者是科研成果中的一个组成部分，如课题申报书中的"相关研究现状""国内外已有成果综述"等，是某一课题或研究的重要基础。后者是独立的文章，是某一研究领域的重要参考文献，如《关于路径依赖理论下职业教育研究的述评》。

按照文献综述信息含量的不同，可以将文献综述分为叙述性综述和评论性综述。叙述性综述是围绕某一问题或主题，广泛搜集材料，并对其进行分析、整理、综合，一般不做评论，只是系统地、客观地介绍和描述原始文献的观点、方法等。叙述性综述一般出现得较少，其价值和作用也不及评论性综述。评论性综述是在客观描述的基础上，通过各种角度对文献材料进行对比、分析和评价，并提出作者的见解，如《社会资本概念在教育研究中的应用——综述与评论》《黄炎培职业教育思想研究述评——基于 1980—2015 年的数据》。

按照文献综述内容的时间范围不同，可以将文献综述分为动态性综述、回顾性综述和预测性综述。动态性综述主要描述最新的科研动态，时效性强，如 2017 年发表在《中国职业技术教育》上的《工业 4.0 背景下德国职业教育 4.0 发展述评及启示——基于德国联邦政府〈2017 年职业教育报告〉》。回顾性综述描述过去一段时期内的职教科研历程和研究成果，如学者马桂香和邓泽民的《我国职业教育教学信息化研究 40 年综述》、王扬南的《2013—2017 职业教育科研情况综述（观点综述）》。预测性综述是根据对已有研究成果的综述，对未来某一研究领域的发展进行预测，如《在线社交网络信息流行度预测综述》。

按照综述的对象不同，可以将文献综述分为专题综述和会议综述。专题综述一般是指综述的对象是某个专题，前文所举的例子多属于专题综述。会议综述是综合报道学术会议中提出讨论的观点，如《栉风沐雨一世纪　春华秋实谱华章——庆祝中华职业教育社成立 100 周年纪念大会综述》《不断变化的技能：国际社会的行动策略——国际职业技术教育大会综述》。

文献综述的分类并非绝对，在实际写作中，往往需要职教教师根据研究和表达的需要将各种类型的综述综合在一起。文献综述的写作最能体现一个学者的学术态度与学术功底。

二、文献综述的特点

和其他论文或报告相比，文献综述具有鲜明的特点，主要表现为内容的全面性、表达的评述性、观点的前瞻性，以及文后附有大量的参考文献。

（一）全面性

文献综述的内容要尽可能全面，往往以关键词为中心，纵向上要梳理研究主题的发展脉络，横向上要关注概念定义、理论基础、现状问题、研究方法、研究空白等，既要掌握国内现状，还要涉及国外现状。例如，周哲民、万秋红和王晓阳发表的《高职院校技术技能积累研究文献综述》一文，聚焦于"技术技能积累"这一主题，从企业技术积累、高职教育技术技能积累的功能与内涵、技术技能积累体制机制和技术技能积累模式、平台与路径4个方面进行现状分析和综述。其中，现状又包括理论基础、定义分析、实践中的问题、研究热点等。

（二）评述性

文献综述的重点在于评述，所谓评述是指文献综述的作者在对已有文献进行全面、系统分析的基础上，能够客观准确地评价已有文献的价值及存在的问题。评述性主要体现在综述的"述评部分"。一般的文献综述会采用"已有研究现状＋研究现状述评"的写作方式，将述评部分置于明显的位置。当然，对文献的述评也可以是夹叙夹议的。

（三）前瞻性

文献综述虽然需要梳理与主题相关的研究历史，但是文献综述有别于学科发展的历史总结，其主要目的是通过搜集最新资料，获取最新内容，将最新的信息和科研动向及时传递给读者，并为后续的研究指明方向。例如，在文献述评的时候，一般会出现类似的表述："国内外相关研究为本研究奠定了坚实的理论基础，部分已有研究成果所使用的研究思路和研究方法具有极其重要的借鉴意义。但也不得不承认，现有研究并不够全面和深入。具体而言，……为此，本研究将在如下方面寻求突破：……"

（四）参考文献数量较多

文献综述的形式是灵活多样的，篇幅长短也并不统一，但其参考文献数量多是一个统一的特征。几十万字甚至上百万字的专著型文献综述，其参考文献可以有数百篇，有的硕博士毕业论文的文献综述部分的参考文献也有上百篇，即使是篇幅较短的文献综述论文的参考文献最少也应有数十篇。

那么怎样才能高质量地完成一篇文献综述呢？笔者认为应该先从筛选有价值的文献开始。

第二节　筛选有价值的文献

获取有价值的文献是文献综述的前提和基础，重要的政策文件、经典的理论和核心期刊都是有价值的文献的重要来源。职教教师要学会从这些文献来源中筛选有用的文献。

一、重要的政策文件

政策文件包括国家、地方出台的关于职业教育改革、普通教育教学改革的相关文件。这些文件集中体现了国家对于职业教育的支持方向、政策扶持情况，往往在政策上具有突破性，能够破除前一阶段职业教育在摸索阶段的瓶颈和困境。比如，2019 年初出台，并在职教圈引发不小震动的《国家职业教育改革实施方案》（即"职教 20 条"），就释放出许多职业教育改革的信息，比如"1+X"证书制度、发动社会力量多元办学和普通本科向应用型本科转型等。关于"产教融合"的政策文件可以追溯到 2014 年的《国务院关于加快发展现代职业教育的决定》，其中提到了"产教融合，特色办学"；2015 年的《教育部关于深化教育教学改革全面提高人才培养质量的若干意见》再次提出"推进产教深度融合"；2017 年的《国务院办公厅关于深化产教融合的若干意见》提出将"工匠精神融入基础教育"，"强化企业重要主体作用"，以及"促进产教供需双向对接"等意见；在 2018 年推出的关于职业教育 17 个重磅文件中，有专门针对"产教融合"的文件，即《关于深化产教融合的若干意见》，其主要解决"人才培养供给侧和产业需求侧'两张皮'问题"；2019年的《国家发展改革委、教育部关于印发〈建设产教融合型企业实施办法（试行）〉的通知》及《国家发展改革委、教育部等六部门印发〈国家产教融合建设试点实施方案〉》，则是将产教融合从政策层面、理论研究层面推向了实践层面。因此，通过梳理国家相关主题的文件，可以很清晰地看到国家对于职业教育改革的走向，如果结合文件发布前后的产业发展情况与国内外形势，可以对这一研究主题做深刻而理性的分析。

地方文件往往是对国家政策文件的细化落实。比如2018年《关于深化产教融合的若干意见》出台后，浙江省也颁布了《浙江省人民政府办公厅关于深化产教融合的实施意见》（以下简称《意见》）。该《意见》从统筹教育和产业融合发展、强化企业重要主体作用、推进产教融合人才培养模式改革、促进产教供需对接、完善产教融合政策支持体系等方面，结合浙江省职业教育特点和产业特征进行了具体的工作部署。同年，浙江省各地市也相应颁发了符合当地特点的相关细化执行文件。这些地域性的政策文件对地方的职业教育改革发展具有重要的指导意义。

在文献综述中对国家、地方政策文件进行梳理，一方面可以证明研究在政策导向的支持下具有社会价值，另一方面也可以成为当前相关主题研究的参照坐标，发现值得深挖的研究盲区或研究薄弱点。

二、经典的理论

职业教育的经典理论包括职业教育教学理论、普通教育教学理论，也包括经济学、社会学、管理学等相关领域的经典理论。这些在长期的实践研究中反复被证明、被分析的经典理论为职业教育研究提供了有力的科学支持。即使有的经典理论已经被指出由于时代的局限性而存在某些缺陷，但依然是后人思考与质疑的支点。

以现代学徒制为例，这是当前职业教育的一个研究热点。职教教师在检索"现代学徒制"相关文献时更加关注职业院校或教师的具体做法和实践经验，即使有教师尝试探讨现代学徒制具体做法的原因，也往往止步于政策、专业建设、学生岗位适应期等经验层面的因素分析，不能从揭示现代学徒制对于职业教育发展和学生职业能力获得的内在规律层面进行研究。因此，真正着眼于讨论现代学徒制本质特征的一些论著，如莱夫和温格的代表作《情境学习：合法的边缘性参与》，以及德国职业教育专家菲利克斯·劳耐尔教授的职业成长五阶段理论的经典论述，却因为较为艰深与陌生，容易被一线教师忽视。

职业教育与普通教育最大的不同是其与产业、经济的发展密切相关，因此许多经济学、管理学、社会学理论也直接或间接支持着职业教育的改革。比如要研究产教融合，就应该关注资源依赖理论、资源整合理论与协同合作理论。这些虽是来自其他学科领域的理论，却能解释产教融合中政府、学校、企业、行业四方形成良性联动的内在机制。

此外，一些普适性的教育教学理论，是深入研究课堂、课程规律的重要基础。近年来，众多学者基于在普通教育领域里的研究热点，如大概念教学、整体逆向设计等，探讨如何设计符合学生认知特征的学习方式，这些理论不仅仅适用于职业教育的文化基础课教学，而且对解决专业课长期以来"理实分离"的伪项目教学问题也有着极大的借鉴价值。

三、核心期刊的文献

可能很多职教教师都会碰到这样的困境：面对中国知网海量的文献检索，到底应该下载哪些呢？如果每篇都下，没有时间看，如果挑选几篇看，又不具有代表性。因此，海量的信息并没有增加文献搜集的便捷性，反而无形中增加了文献挑选和梳理的时间成本。有一种快速挑选文献的方法，就是看题目，比如《……浅谈》《……的思考》等，一般情况下都属于经验总结式的文章，缺少理论深度和研究方法的独创性，可以直接略过。

另外就是看文献刊登的期刊的等级，如果是国家级核心期刊、南大核心期刊和北大核心期刊，这些论文往往具有较高的文献价值。所以，在查阅文献之前，应当先了解这个研究领域的核心的、重点的期刊。

还有一种快速定位文献的方法就是直接查阅人大复印报刊资料，每月一期的人大复印报刊资料是把近期核心期刊中最有价值的文献筛选出来，以专题的形式组成栏目，变成二次文献集。如参考人大复印报刊资料《职业技术教育》，可以有效提升文献查找的效率。

四、跟着参考文献找文献

如果说优质的研究往往做过优质的文献分析，那么顺着优质论文的参考文献，就能找到优质的文献资料。也就是说，顺着优质的文献资料的参考文献，不断扩大检索和阅读的范围，直至形成研究者专属的文献库。

实例 5-1：跟着《职业院校教学诊断方法与工具研究述评》一文的参考文献（见图 5-1）找文献[①]

参考文献

[1] 周俊. 基于质量提升的职业院校教学工作诊断与改进研究 [J]. 中

---

①案例选自：孙芳芳，袁梦琦，王颖.职业院校教学诊断方法与工具研究评述[J].职业教育（下旬刊），2019(5):89-96.

国职业技术教育,2015(26):35-38.

[2] 沃尔博格·H·J. 教育大百科全书:教育评价 [M]. 张莉莉,译. 重庆:西南师范大学出版社,2011.41-42.

[3] 李联卫. 高职院校诊改工作实施路径探析 [J]. 教育与职业,2018(9):18-24.

[4] 刘志峰,刘晓静. 高职院校内部质量保证体系诊改工作的推进风险及防范对策 [J]. 教育与职业,2018(9):14-17.

[5] ROELANDE H. HOFMAN N J D,ADRIAAN H. SCHool Self-evaluation and Student Achievement[J].School Effectiveness and School Improvement,2009(1):47-68.

[6]JOHN M. Leading Learning in the Self-evaluating School [J].School Leadership and Management,September, 2008(28):385-399.

[7]SCRIVEN M. The Methodology of Evaluation[M]. Chicago:Rand McNally. 1967:39-83.

[8] LEVINSON H. Organizational Diagnosis[M].Cambridge MA:Harvard University Press,1972:544-557.

[9]NEVO D. 校本评估与学校发展 .[M]. 卢立涛,安传达,译. 北京:中国轻工业出版社,2007:57-72.

[10] 石中英. 波兰尼的知识理论及其教育意义 [J]. 华东师范大学学报 (教育科学版),2001(2):36-45.

[11] 古贝,林肯. 第四代评估 [M]. 秦霖,蒋燕玲,等,译. 中国人民大学出版社,2008:14-23.

[12]PARLETT M. HAMILTON D. Evaluation as Illumination:A New Approach to the Study of Innovatory Programmes[M]. London:Macmillan,1976:6-22.

[13][14][15] 高帆, 赵志群, 黄方慧. 职业能力测评方法的发展 [J]. 中国职业技术教育,2017(35):9-16.

[16]STAKE R E. Program Evaluation Particularly Responsive Evaluation[J]. Journal of MultiDisciplinary Evaluation,2011(7):180-201.

[17]STUFFLEBEAM D. The Meta Evaluation Imperative[J]. American Journal of Evaluation,2001(22):183-209.

[18]COOK T D. Post-positivist Critical Multiplism[M]// SHOTLAND R L, MARK M M. Social Science and Social Policy. Sage,Beverly Hills,California. 1985:21-58.

[19] SCRIVEN M.Truth and Objectivity in Evaluation[M]// CHELIMSKY E,SHADISH W. Evaluation for the 21st Century:a Handbook. Thousand Oaks,CA:Sage.1997:47 7-500.

[20] 费特曼. 使能性评估原理 [M]. 张玉凤, 译. 北京:教育科学出版社,2015:1-170.

[21] HAASLER B,ERPENBECK J. Assessing Vocational Competences[M]// RAUNER F,MACLEAN R. Eds. Handbook of TVET. Dordrecht:Springer,2008:766-774.

[22] 中国社会科学院语言研究所词典编辑室编. 现代汉语词典 (第 6 版)[Z]. 北京:商务印书馆,2012:447.

[23]BROWN B L. Quality Improvement Awards and Vocational Education Assessment[DB/OL]. (2013-01-28)[2018-09-30].http://ericae. net/edo/ed407574.htm.

[24] 吴霓.ISO9000 质量认证体系应用于学校教育管理的探讨 [J]. 职教论坛,2002(5):8-11.

[25] GONON P. Participative Quality Assurance[M]// RAUNER F, MACLEAN R(Eds.).Handbook of Technical and Vocational Educational Education and Traning Research. Dordrecht:Springer. 2008:837.

[26]HEIDEGGER G. Evaluation Research[M]//RAUNER F, MACLEAN R. Handbook of Technical and Vocational Education and Training Reasch. Dordrecht:Springer,2008:825−833.

[27] 施托克曼.非营利机构的评估与质量改进 [M].唐以志,景艳燕,译.北京:中国社会科学出版社,2008:96.

[28]GUBA E G,LINCON Y S. Effective Evaluation[M]. Jossey Bass,San Francisco,California. 1981:383−410.

[29]RUSSELL N. School Evaluation Using Fourth Generation Evaluation:The Impact of A Post−modern Paradigm On school Based Evaluation[J]. Studies in Educational Evaluation,1994(23):187−199.

[30]HUEBNER A J,BETTS S C. Exploring the Utility of Social Control Theory for Youth Development:Issues of Attachment,Involvement,and Gender[J].Youth & Society,2002(2):123−145.

[31] 孙芳芳.基于授权评价的职业院校内部质量诊断研究 [D].北京:北京师范大学,2017.

[32] 孙芳芳.职业教育课程质量诊断的实证研究——基于赋能评价法 [J].中国职业技术教育,2016(5):22−27.

[33]RAUENR F,HAASLER B,HEINEMANN L,et al. Messen Beruflicher Kompetenzen.Berlin[M]. LIT Verlag,2009:1,11−12,21,70,77,82,87,88−89.

[34] 周瑛仪.大规模职业能力测评的预测效度 [D].北京:北京师范大学,2015.

[35] 斯塔弗尔比姆 . 评估模型 [M]. 苏锦丽 , 等 , 译 . 北京 : 北京大学出版社 ,2007:33−34.

这篇论文的参考文献覆盖面很广，涉及国内外关于教学评估、职业能力评估、职业院校质量诊断等方面的内容。需要在这方面做进一步研究的研究者，可以顺着这些文献进行阅读分析，得出自己的结论。

第三节　文献整理和分析的技巧

文献整理和分析是文献综述的重要环节。在阅读大量文献的同时，职教教师要善用技巧，分析文献，为形成一篇高质量的文献综述做好准备。

一、随时整理，留下线索

职教教师需要随时学习，长时阅读。但当真正需要进行文献分析时，却常常会忘记哪些观点出自哪篇文章或者哪本书的哪几页。因此，在阅读文献的同时养成摘录的习惯很重要。对于特别重要的文献，不妨做一些摘记，记下其中的重要观点和论述。这样一步一个脚印，到真正开始写论文时就积累了大量"干货"，形成了个人的电子文库，可以随时使用。职教教师不防试试采用以下 3 个步骤来整理文献。

步骤 1：按照主题建立文件夹，如职教政策类、教育教学理论类、教育教学策略类，等等。

步骤 2：每个文件夹下可以按照两种维度建立子文件夹。维度一：按照文本类型分类，如论文、案例、解读等；维度二：按照论文发表时间分类。

步骤 3：每个子文件夹内摆放相关文献的 word、PDF、照片等文件，并进行编号，再建一个类似于文献索引的 word 文档，便于快速检索。这个索引文档是给研究者自己看的，所以只要方便检索即可，不一定要按照规范的格式记录，如图 5-1 所示。

教育教学理论类文献检索文档

编号：001
题目：追求理解的教学设计
作者：格兰特·威金斯、杰伊·麦克泰格
观点核心词：逆向设计、理解的六个侧面、大概念

编号：002
题目：想象知识：在各学科内培养语言能力
作者：朱迪思·朗格
观点核心词：学科术语、构建知识

编号：003
题目：开发技术知识："双高计划"背景下高职院校课程建设的突破点
作者：徐国庆
观点核心词：技术知识开发模型

资料来源：《教育发展研究》（2020 年 9 月）。

图 5-1　教育教学理论类文献阅读摘记示例

二、善做笔记，思考留痕

文献归档只能起到检索的作用，如果要让文献存入脑子，就必须要在阅读时及时做笔记，让思考留痕，这样才能在进行文献综述时快速精准地定位。不妨在子文件夹中为每篇文献再建一个文件夹，以"编号 + 题目"命名，在这个文件夹中放两类笔记文本，即片段感悟和整篇（书）

读后心得。心得类笔记主要写下自己对整篇（书）的理解，是较常见的读书笔记，也可以写成评述式的读书心得。而片段感悟主要针对文章或者专著中重要的观点、有启发的句子或者案例，记录下当时的感受，或者针对一个章节进行梳理与思考。

这个案例是笔者读完王荣生教授所著的《语文科课程论基础》一书后的评述感悟，这篇感悟从 4 个方面进行评述，采取的格式是：总括—分析—评述，最后总结整体感受。通过这样的评述，笔者对这本"难读"的书有了深刻的理解，其中的很多观点不知不觉成为笔者的教学理念。

实例 5-2：评述式的感悟笔记示例

一、建立语文教育研究的归属参照系

为了论述自己的观点，作者在批判了目前的语文教育研究的归属参照系的基础上，建立了自己的语文教育研究的归属参照系。他将此参照系分为横与纵两道。横，是研究的类型，有事实性质的研究、价值性质的研究和规范性质的研究 3 类。同时，参照其他学科进行理论研究的方式，在分析语文教育研究的积存文字的基础上，提出学派立场的研究与多元视野的研究两种类型。纵，是研究的层面，有人—语文活动层面、人—语文学习层面、语文科层面（语文课程与教学论层面）、语文课程具体形态层面、语文教材具体形态层面、语文教学具体形态层面和语文教育评价层面。

在具体分析这一参照系时，作者进一步指出，事实性质的研究是对"是怎么回事"的考察和解释，研究者所持的态度是中立、客观的。从作者所举的例子看，这一研究应该属于"实然研究"。价值性质的研究关心的是"应当是什么""应当是怎么样""为什么应当是什么或是怎么样的"一类问题，属于"应然研究"。规范性质的研究是包括"教育的理论规范"和"教育实践规范"的研究。学派立场的研究和多元视野的研究的区别是"我以为""我们以为"与"他以为""他们以为"的区别。

在上述 7 个层面中，人—语文活动层面的研究主要是语文教育研究者在教育政策领域的研究或对政策精神的传播；人—语文学习层面的研究是语文学习活动；语文科层面的研究是对语文课程与教学的基本理论问题加以研究；语文课程具体形态层面的研究是在既定课程标准的指引下对语文课程集体组织方式和课程内容的研究；语文教材具体形态层面的研究是在语文课程的具体形态既定的条件下，对诸种可能的教材或对既定的教材的诸多方面加以研究；语文教学具体形态层面的研究是对诸种可能的教学或对既定的教学的诸多方面加以研究；语文教育评价层面的研究是对学生语文能力的评价研究。

【评】作者所建立的这一参照系确实是对之前的语文教育研究的归属参照系的突破，尤其是作者不再将参照系看作是平面的，也跳出了教科书的形式。这一参照系以立体的形式囊括了几乎所有的语文研究内容。在今后的研究中，研究者可以对照这一参照系，寻找自己研究的坐标点。

然而在对研究类型进行划分的时候，作者将价值性质的研究和规范性质的研究划为两类不同的研究，可能有些不妥。因为它们都应该属于"应然研究"，它们都是研究"应当是"的问题，正好与事实性质的研究对立。此外，作者在 3 类研究之外，还划分了多元视野的研究和学派立场的研究，但这两类研究与上述 3 类研究之间是包容与被包容的关系，不应平行而立。同时，所谓的多元视野的研究在现实中似乎并不存在，因为任何研究都不可能不带上研究者本人的观点和立场，都只能是学派立场的研究。

二、对一直以来争论不休的"语文科的性质"的思考

……

三、层叠蕴涵框架的建立

……

四、对层叠蕴涵分析框架的分析

……

说实话，我是硬着头皮看完此书的前两章的，要不是必须完成作业，我几乎都快放弃了。没想到的是，越往下读，越有一种峰回路转、柳暗花明的感觉，且不时地心有所感，直至读完全书，竟然激动万分。不能说我完全看懂了作者的思想，但是我确实在此书中学到了一些东西。

第一，当然是与教学有关的各种想法了。在阅读的时候，我不知不觉地将书中的理论或事例，与我自己从前的教学思想和教学方法及别人的教学模式进行对照、比较，不由地惭愧万分。也许是从前对语文教学理论关注得太少，也许是自我感觉太好，我的教学中存在着许多自己都没有意识到的，或者是已经意识到却不知该如何解决的问题。比如任由学生对文章进行"读误"，在口语课上对学生的指导无方，对许多课文的处理不当，等等。我个人认为，此书给我的最大启发是作者关于口语课及教材的4种分类和处理方式的观点。应该说，这些观点对我今后的教学是起着指导性作用的。

第二，作者写作此书的思维方式对我今后的教学和科研有一定的帮助。作者似乎特别善于总结概念，建立体系。前者如"学派立场的研究""多元视野的研究""读误"等，后者如建立自己的语文教育研究的归属体系、

建立层叠蕴涵分析框架等。而他每一个概念的得出、每一个体系的建立都不是空中楼阁、海市蜃楼，而是经过大量的资料分析，以及严谨的概念推理。

实例 5-3：片段思考笔记示例

"单个的人要认识到自己的利益和他人的利益的一致性，就要意识到社会合作的价值和善的可能性。"（P19）在这里，作者暗示着遵守规范不是靠外部的强制规训，而应该是靠人们内心的合作意识。作者承认人所具有的自私性，这种自私性几乎是与生俱来，不可改变的。但这个由自私的人组成的社会之所以有稳定的可能，就是因为每个人要想获得最大的利益，就必须与他人合作，就必须生活在这个社会中，就必须具有能够尊重他人的精神。因此，一个理想的社会秩序的建成不是依靠他律，或者说不是成为"警察社会"，而是依靠自律，依靠每个人的自我反省。这种德性作者称之为"主体的精神"。

这篇片段思考笔记是笔者在阅读教育经典著作金生鈜老师的《规训与教化》时所做的片段思考。在阅读的过程中，只要是有启发的句子，笔者都记录下来，并且标注页码，后面写下自己的思考。这样的笔记有利于在进行文献综述时迅速锁定文献作者的观点与代表性语言。

实例 5-4：一个章节的梳理与思考

在学习的过程中发生两种思维方式

参照点式思考	探索可能性视域
有目的的学习时，用来搜集信息，缩小范围	思考新的可能性时，通过假设、推测、验证，构建新的可能性

在学习中，两种思维方式同时存在，教师需要根据教学的需求，通过设计不同取向的问题或者任务，帮助学生运用不同的思维方式学习。

> **体会：**
>
> 　　如果按照国内教育界的表述，这两种方式应该是搜寻与筛选信息、开放性任务。如果我们需要学生论证一个问题，那么就应该运用第一种方式；如果需要学生解决一个问题，那么就需要运用第二种方式。这两种方式都是培养高阶思维的路径，需要教师明确学习目的，从而设计指向这一目的的教学活动或者学习问题。
>
> 　　如果与学习序列的研究相结合，那么我们需要讨论的是在技能教学中哪个阶段应该用到哪种方式，为什么是这样，在哪个节点上需要更换方式，用什么问题或者任务引导学生更换方式。

图 5-2 　《想象知识：在各学科内培养语言能力》的阅读手账

这篇笔记是笔者在阅读朱迪思·朗格所著的《想象知识：在各学科内培养语言能力》一书时给每个章节做的阅读手账。这类阅读手账不仅仅是对整本书关键语句的记录与思考，更是对每个章节思路的梳理，有利于在文献综述阶段快速提炼作者的观点，如图 5-2 所示。

三、确定要素，建立专属文献库

尽管看了很多文献，做了很多笔记，但等到要进行文献综述的时候，忽然所有看过的资料乱成一团，无法理出头绪，这是很多人的切身体验。很多人坐在电脑前、书桌前、图书馆里，打开一篇篇文章，东看看、西捡捡，这个挺不错，那个有启发，几天后，竟然还没有一条综述的主线。那么我们到底应该如何将这些内容理出头绪呢？

实例 5-5：2019 年度全国社科基金一般规划课题《乡村经济振兴背景下中职学校复合型人才培养模式的构建研究》文献综述的基本要

素确定

《乡村经济振兴背景下中职学校复合型人才培养模式的构建研究》的综述要素可以有 4 个，分别是：乡村经济振兴、中职学校、复合型人才和人才培养模式。

在确定好 4 个要素后，要给这 4 个要素分别建立一个文献文件夹，将相关的有价值的文献放在一个文件夹中。

最后，给每篇有价值的文献写一段评述，内容包括文献的主要观点、研究的思路与方法、解决的问题，并且联系当时的教育教学改革背景，写一写文献的价值，最好能有其他研究者对这篇文献的评价。

如此，一个关于某一研究主题的专属文献述评库就建成了。

四、利用文献库，搭建框架

文献综述就像是在文献的丛林中开辟道路，这条道路要指向我们所要解决的问题，当然是直线距离最短、最省事的一条道路，但是一路上风景颇多，迷恋风景的人便往往绕行于迤逦的丛林中，反而"乱花渐欲迷人眼"，"曲径通幽"不知所终了。因此，在建立好较为完备的文献述评库时，职教教师要时时保持头脑清醒，不断向自己提问：我要解决什么问题？是围绕研究的问题帮助职教教师理清文献综述的思路，还是搭建文献综述的基本框架？

实例 5-6：《乡村经济振兴背景下中职学校复合型人才培养模式的构建研究》的综述框架？

首先，针对"乡村经济振兴背景下中职学校复合型人才培养模式的构建研究"这一选题进行提问。

问题 1：职业教育在乡村经济振兴的过程中起到什么作用？

问题 2：乡村经济振兴中的复合型人才有怎样的特征？

问题 3：复合型人才是怎样成长的？有什么规律？

问题 4：中职学校应该如何培养复合型人才？

然后，将文献述评库中的观点及述评归类到不同的问题之下，从不同文献的不同角度分析问题，搭建如下文献综述框架：

一、职业教育与乡村经济振兴的契合度的相关研究

（一）乡村经济振兴中的人才培养障碍

（二）农村职业培训问题

（三）职业教育与产业需求的匹配情况

二、乡村经济振兴中的复合型人才特征的相关研究

（一）乡村微经济体的人才类型

（二）乡村微经济体的复合型人才结构

三、复合型人才成长规律的相关研究

（一）复合型人才成长场景特征

（二）复合型人才成长阶段

（三）复合型人才成长载体

四、中职学校复合型人才培养的相关研究

（一）中职学校专业整合与复合型人才培养

（二）中职学校课程体系与复合型人才成长

（三）中职学校教学模式与复合型人才成长

（四）中职学校实践模式与复合型人才成长

相信经过上述两个步骤，一个关于某一研究主题的专属文献文库就已经建成了。接下来，就可以进入正式的文献综述写作环节。

第四节 文献综述撰写的常见问题

问题往往来源于对事物认识不清，或者错误定位。课题研究报告中文献综述撰写时出现的问题也是由研究者对于文献综述定位不清造成的。在一篇研究报告中，"研究缘起"阐述课题研究的背景、需要解决的问题，通过"研究缘起"可以了解研究的意义与价值。"研究设计"展示的是研究者对课题核心概念内涵外延的思考和针对研究问题所架构的研究路线，因此，"研究设计"反映的是研究的可操作性。"实践策略"呈现的是研究者在具体的研究过程中采取的措施、进行的实验，以及由此得出的结论。"研究缘起""研究设计""实践策略"是研究报告撰写的重点，这一事实是毋庸置疑的。那么占据课题研究报告大量篇幅的"文献综述"到底起到什么作用呢？由于缺乏对文献综述的准确定位，极易写出摆设型综述、罗列式综述或离题型综述。

一、应对格式要求的摆设型综述

很多没有研究经验的老师在撰写课题研究报告时，常抱有"文献综述是课题报告的规定内容，所以只要有就行了"的想法。在这种写作思想的指导下，"前不着村，后不着店"的文献综述就产生了。

实例 5-7：关于"创新学习方式"的文献综述

1. 国外研究现状：早在 1998 年美国副总统戈尔就提出了"数字地球"

的概念。 美国等地就开发了"互联网＋"时代的教育，提倡利用面对面教学、移动学习、泛在学习、网络在线学习等相融合的多种形式进行教学。这种多种形式教学将课堂与虚拟教室混合，利用网络学习，交流互动，颇显成效。

2. 国内研究现状：我国现代教育推进数字化教学，网络平台资源开发得越来越多，对于教学辅助也有了较好的成效。但是对于多种学习方式混合，在课堂中实施较少。因此，针对学生特点，利用多种方式的学习值得进一步研究和探讨。

这个文献综述摘自一篇研究创新学习方式的课题方案。从综述所列的文献资料看，作者显然没有明白学习方式的内涵，只是列举了目前存在的基于"互联网"的学习载体。再先进的学习载体也可以设计最传统的学习方式，所以学习载体不等于学习方式，数字化的学习载体更不等于先进的学习方式。作者对文献的误用，可能是没有认真研究文献，也有可能是研究方向本身就存在着问题。

二、缺乏总结提炼的罗列型综述

"文献综述"的一大作用是，通过阅读、分析国内外相关课题的研究成果，发现研究热点、盲点与矛盾点，从而证明自己的研究在理论、研究方法、研究内容等方面有价值、有突破，也可以借鉴其中较为成熟的研究方法与研究框架，使自己的研究设计更为科学、合理。不少研究者虽然找到了许多相关论述，但缺乏整理、分析的经验，使本应分条归类的"文献综述"更像是没有章法的"观点市场"，削弱了文献综述的作用。

实例 5-8：关于"利用数学工具建构中职生思维"的文献综述

1. 国内研究综述

吴森雄在《基于多元数学工具支持下的核心素养培养》中谈到了"教师运用情境式工具，巧入佳境；运用游戏式工具，寓学于乐；运用实验式工具，知行合一；运用思维式工具，豁然明思"的观点。葛善勤在《运用"数学工具"，提升学生数学学力——以玩转三角板教学为例》中谈到，数学工具是学生数学学习的重要资源，以教学工具为中介，能够发展学生的数学学力，同时教师在教学实践中可以以"数学工具"为载体，打造"综合与实践"活动课程。苏赣生在《数学软件及教学工具使用的总结和思考》中谈到，由于数学教学工具日益渗透到数学教学过程中，对数学教学工具的选择已经成为数学教学过程中一个不可缺少的部分。所谓数学教学工具的选择，是指在一定的数学教学要求和条件下，选出一种或一组适宜、可行的数学教学工具。

2. 国外研究综述

美国心理学家布鲁纳认为，"最好的学习动力是对所学材料有内在兴趣，而最能激发学生兴趣的莫过于游戏"。以游戏作为工具，使学生在轻松的氛围中，在欢快的活动中，甚至在激烈的竞争中，不知不觉地学到课本上的知识。

对于学生而言，学生在课堂上学会了知识，并不等于学会如何进行数学思考。对于老师而言，老师教会学生数学知识，也并不等于教会学生运用数学思维。数学工具的合理使用，可以很好地帮助学生构建数学思维，可见数学工具是不可或缺的重要媒介。因此，本文从思维重构的角度出发，探索中职生数学工具的使用策略。

这篇综述来自一篇如何用数学工具建构中职生思维的研究方案。该综述整理了一些国内外数学教师对于数学工具使用的肯定，以及一些数学工具的类型。但研究者忽视了以下几个问题：①这些观点是否具有代表性？②目前关于数学工具的使用有哪些不同研究重点？③目前有几种类型的数学工具？这些工具与学生思维建构之间有什么关系？④这些观点对本研究有什么启示？⑤研究的交叉点和空白点在何处？由于没有回答这5个问题，所以尽管综述中罗列了一些观点，但最终没有将其聚合起来，也没有对课题的研究起到强大的支持作用。

三、独立于研究报告的离题型综述

有些课题报告中的"文献综述"不能对课题研究起到任何证明、支持作用，成了外在于报告或者方案的独立存在。

实例5-9：关于"产教融合基地运营模式"的文献综述

1. 国内研究综述

我国对"产教融合"的研究主要集中在内涵、政策和机制的研究，人才培养模式的研究，"产教融合"课程的研究上，这些研究往往注重在对个案的呈现和分析上。由于缺少"产教融合"研究的理论背景，这类研究重经验，缺方法，没有将"产教融合"与"校企合作"区分开来，尤其对产教融合如何深化，企业技术、师资如何进入教学，尚未说明。

2. 国外研究综述

国外职业教育从萌芽阶段就扎根在工作坊、企业车间中，政府从顶层设计到政策扶植，国民对不同职业的深刻理解与接纳，行业协会和权威企业对质量标准的监控及严格的职业准入制度，相对完善的学徒培养制度，使欧美国家的产教融合有深厚的基础，能落地许多可以借鉴的经验，如美国依托产业的"项目群"建设、德国以联邦职教所引领的职业教育运行框架的搭建等。

综上所述，目前对于"产教融合"的研究或者是宏观政策、理念层面的，或者是微观人才培养模式、课程建设层面的，还缺乏对有效的"产教融合"机制、平台的研究，更缺乏对"产教融合"过程中学校办学理念和形式的转变的研究。

这个文献综述案例来自关于"产教融合基地运营模式"的研究方案。该研究的重点应该是探讨现有的基地通过哪些路径、建立哪些机制，可以实现怎样的运营。因此，在"文献综述"部分应该对国内外现有的产教融合基地运营模式进行分析，包括：目前有哪些模式？这些模式有什么特点？这些模式建立在哪种机制的基础之上？这些模式哪些成功了，哪些失败了？国内外研究对于这些模式有哪些重要观点？在此基础上，总结出目前"产教融合基地运营模式"研究的热点、盲点与矛盾点，并提出自己的研究是在哪些地方有创新，或解决哪些未能解决的问题。但是，这个文献综述没有围绕这些问题进行阐述，而是将综述的重点放在"产教融合"的理论、政策等基地运营模式的基础和环境上。而与运营模式直接相关的文献却完全没有提及。

综上所述，文献综述并不是可有可无的存在，而是一项研究的多种指标的综合体现：衡量一位研究者及其团队的科研素养，即是否具备高阶阅读、精准选择文献、提炼分析观点的能力，以及是否具有迅速发现研究盲点与研究价值的敏感性。衡量该项研究的价值，即是否填补了研究空白，或者是否对前人的研究进行了纠偏，或者是否指向了未来的研究重点。衡量该项研究的科学性，即是否运用了文献综述的方式提炼观点，分析维度，析出要素。由此可见，高品质的研究必须建立在高品质的文献分析与综述的基础上。

第五节　文献综述的格式

不同类型的文献综述的写作格式有所不同，综述性论文的写法相对自由，论文或课题报告中的文献综述格式相对固定，一般包括前言、主体与结语 3 个部分。本节主要介绍论文或课题报告中的文献综述的基本格式。

一、前言部分

前言部分开门见山地说明写作的主要目的，可以介绍有关的概念、定义和综述的范围，扼要说明有关主题的现状，以及自己引用参考文献的总体情况，使读者对全文有一个大致的了解。

实例 5-10：《可变课堂：基于学习序列改变的中职专业课整体教学设计策略的实践研究》的文献综述前言

在中国知网查阅了国内外关于学习内容、整体性教学设计的相关文献后，发现目前该类研究主要集中在主题式的学习内容重构、运用现代技术重构学习过程，以及基于单元学习的整体教学设计上。现综述如下：

综述的前言部分还可以说明共查阅了几篇论文、几本专著，以及近 5 到 10 年这类研究的趋势如何。

二、主体部分

主体部分将所参考、引用过的文献资料进行整理、归纳及分析比较，阐明有关研究主题的历史背景、现状和发展方向，并进行评述，还要阐明资料中的观点对自己写作的帮助、启发，并从研究内容、研究方法、研究思路等方面做了借鉴、引用。

实例 5-11：《中等职业学校片面追求就业率现象》的文献综述[①]

高就业率成为中等职业教育良好发展的标志。中等职业教育追求高就业率在人们看来是一件习以为常的事情，多数人仍沉浸在中等职业教育毕业生就业率连年接近100%的骄人成绩的喜悦当中，少有人意识到这不过是一种自欺欺人的盲目乐观，更少有人对高就业率发出质疑的声音，因此对中等职业教育片面追求就业率现象的研究并不多，但是中等职业教育高就业率所隐藏的问题还是为专家学者所敏锐察觉，他们对中等职业学校高就业率背后所隐藏的忧患进行了反思分析与对策探讨。

河北科技师范学院继续教育学院副院长赵宝柱等（2010）认为，我国中等职校高就业率背后存在5点隐忧，分别是：招生越来越难、非对口就业现象较为严重、就业质量亟待提高、对口升学渐成另一座"独木桥"、学生流失现象被忽视。其他研究者则着重反映了中等职业学校高就业率背后的低就业质量问题。（邢晖，2010）低就业质量主要表现为：毕业生平均起薪低（王琴，2009），就业稳定率低（乔莉，2011；陈嵩，2007），社会适应能力差（吴俊，2011），合同签订及"三险一金"签订等情况也不容乐观（赵峰，2007）。同时，高就业率的职业学校还存

---

①案例选自：庄曼丽.中等职业学校片面追求就业率现象探析[D].北京：北京师范大学，2012.

在吸引力低的问题。（韩玉，2011）

从以上文献的调查情况可以看出，中等职业教育片面追求就业率而忽视就业质量，如就业稳定率低、对口率低、就业层次低、工作满意度低等是一个不争的事实。这为本研究奠定了良好的事实基础。

在这个案例中，作者首先阐明目前中职学校存在对高就业率持盲目乐观的情况，其次揭示专家对这一问题存在的隐忧，然后引用专家在相关文献中的主要观点作为佐证，最后总结这些文献的主要观点，并说明这些研究对自己研究的启示。

三、结语部分

结语部分要将综述的主题进行扼要总结，体现出对相关资料和所研究课题的某些见解。这是很多人容易忽略的部分，但也是最能反映作者对文献理解与提炼深刻程度的部分。

实例5-12：《中等职业学校片面追求就业率现象》的文献综述 [①]

但是以上研究主要集中在就业稳定率、就业对口率、薪资待遇等方面，并没有反映中职毕业生就业质量的全面情况，如对中职毕业生的工作性质、聘用条件、职业培训和职业生涯前景、工作环境、社会保障等情况的研究基本处于空白状态。此外，现有的研究并没有指出就业率统计过程中的一些问题，如以初次就业率取代年底就业率，将升学人数计入就业人数，为实现高就业率使用虚假就业率等。同时，现有研究只关注到了中职毕业生的就业率高、就业质量低的现状，对于中等职业学校

[①]案例选自：庄曼丽.中等职业学校片面追求就业率现象探析[D].北京：北京师范大学，2012.

在教学过程中追求就业率的现象呈现不足。这些将是本研究需要着重研究的情况。

虽然目前直接研究中等职业学校片面追求就业率问题的文献基本没有，但在高等教育领域有类似研究，如《高校片面追求高就业率的原因及其影响》（王金宝，2011）、《高校毕业生就业率虚高利弊分析》（牛巨龙等，2005）、《就业率虚高的背后——试论高校就业率失真的成因及对策》（曹璋，2009）、《高校就业率"失真"根在"幕后推手"作祟》（王寿斌，2010），这些文献为本研究提供了借鉴。

在这段文献综述中作者指出目前研究的盲点、研究方法存在的问题，尤其是针对中职学校研究的空白，指出自己研究的方向，以及对高职院校这方面研究的借鉴。

综上所述，文献综述的书写格式总结如下。

格式一：研究背景/研究目的与意义—研究现状—评述—参考文献。

格式二：前言—研究现状及主要观点—目前研究中存在的矛盾与不足—参考文献。

格式三：目前研究的主要方向和观点—目前研究中存在的矛盾与不足—参考文献。

格式四：理论的渊源及演进过程—国外有关研究的综述—国内研究的综述—作者对以上综述的评价—参考文献。

但是无论哪种格式的文献综述，在写作思路上都是相通的。

第六节 文献综述写作的方法

无论是纯综述类写作，还是作为课题报告组成部分的"文献综述"，都需要从写作目标、写作内容、写作逻辑、语言表述4个方面组织文本，切忌散乱、无目的地随意记录。写"文献综述"时应做到收集文献尽量齐全，注意引用文献的代表性、可靠性和科学性，引用文献要忠实于文献内容，应分清作者的观点和文献的内容。

在上文提到的《中等职业学校片面追求就业率现象探析》的文献综述里，作者先建立了一套针对就业质量的评价维度。针对这一维度，在文献综述中，作者从中等职业学校片面追求就业率现象、片面追求就业率现象的原因分析、片面追求就业率现象的应对策略3个方面进行文献的整理与综述，符合现象分析—原因分析—策略分析的思考逻辑。但在具体的述评中，作者列举的观点却出现了现象与原因分析杂糅的情况，比如关于中等职业学校片面追求就业率现象的研究综述中写道：

"河北科技师范学院继续教育学院副院长赵宝柱等（2010）认为，我国中等职校高就业率背后存在5点隐忧，分别是：招生越来越难、非对口就业现象较为严重、就业质量亟待提高、对口升学渐成另一座'独木桥'、学生流失现象被忽视。其他研究者则着重反映了中等职业学校高就业率背后的低就业质量问题。（邢晖，2010）低就业质量主要表现为：毕业生平均起薪低（王琴，2009），就业稳定率低（乔莉，2011；陈嵩，2007），社会适应能力差（吴俊，2011），合同签订及'三险一金'签订等情况不容乐观（赵峰，2007），同时，高就业率的职业学校还存在吸引力低的问题（韩玉，2011）。"

首先，"毕业生平均起薪低"是片面追求就业率的现象，"就业稳定率低"是片面追求就业率导致的结果，赵宝柱副院长的"5点隐忧"和"社会适应能力差"则属于对中职学校片面追求就业率现象的原因分析。其次，如果就对于片面追求就业率的现象、原因和对策的分析建立一个影响程度坐标轴，可以清晰直观地看到目前围绕这一问题的研究焦点、大部分研究者认为的主要影响要素，以及容易被忽略的领域，这可以作为该研究的切入点，而不仅仅是简单而抽象地提出研究的价值。

由此可见，文献综述并不一定要分条列举某人、某篇如何阐述，而是需要将所有文献进行归类、提炼与整合。具体来说，文献综述的写作可以从以下3个方面入手。

一、目的不同，综述的方式不同

一般来说，文献综述主要集中在国内外研究现状分析部分，但课题报告和论文都需要论述研究的背景或者概念界定，而研究背景就会涉及对政策文件的分析、对他人实践的分析，概念界定部分也会涉及其他文本中关于某一概念的阐释，这都属于文献综述。

实例5-13：《浙江省中职创新创业教育现状调查研究》国内外研究现状综述

1.2.1 国外相关研究

在国外，与创新创业教育研究最相近的研究领域应属创业教育。创业教育研究早在1876年的美国就已经开启，其标志是沃克尔的著作——《工资问题》（Katz，2003）。20世纪60年代，美国的创业教育迅速发展起来，80 年代，美国开设创业管理类课程的大学已经多达 300 多所。90 年代，创业教育在美国已经发展成为一门成熟的学科，现在创业教育已经成为全球最热门的研究领域之一。

创业影响因素研究。对创业影响因素的研究是确保创业教育科学实施的前提和基础，国外研究者对这方面的研究较多。在内部因素方面，相关研究表明，个人兴趣和能力（Rodermund，2002）、家庭背景（Rodermund，2004）是影响大学生创业的重要因素；自信、改变世界的信心、坚持等个人性格因素及对榜样的观察和学习能力都对学生的创业具有促进作用（Damon，2008）。在外部因素方面，研究者普遍认为学历、创业教育、创业支持项目和研究型大学是促进学生创业的重要影响因素。当然，也有部分研究者认为，学历与大学生创业之间没有关系。（Burke et al.，2002）

创业教育模式研究。美国创业教育模式多样，从课程、教学和资金管理的角度可以将其总结为 5 种：聚焦式、协作式、磁石式、辐射式和混合式。（Katz et al.，2014）百森商学院和斯坦福大学的创业教育模式的特点较为明显：百森商学院以创业课程著称，具有优越的师资力量、前瞻性的课程设计和完善的课程内容，实现了创业教育理念与教育实践的统一；斯坦福大学以"产学研一体化"创新创业教育模式闻名，与企业保持紧密的联系（胡桃等，2013）。

创业教育体系的研究。美国的创新创业教育起步较早，已经基本形成了多主体参与的完备体系（郝杰等，2016），如美国制定了从 K12 教育开始的终身教育的有关创业能力的国家标准和课程体系。

英国设置了从中学开始学习的商业课程，法国设置了从初中开始学习的创业教育课程，日本从小培养学生的挑战精神和创新精神，北美、欧盟地区国家构建了良好的创业生态环境等。（武向荣等，2015）

总之，创业教育是国外高等教育研究的热点之一，也是高等教育改革的世界性趋势。

1.2.2 国内相关研究

创新创业教育发展的历史研究。创新创业教育是我国的本土化概念。我国的创新创业教育起源于西方的就业教育，后发展为创业教育。（刘宝存，2010）我国创新创业教育是我国高校在创业教育领域从被动模仿到自觉探索的结果。（赵俊兵，2019）

创新创业教育理论研究。理论研究是创新创业教育实施的基石。创新与创业是实质与形式的关系，密不可分。（刘宝存，2010）内涵上，创新创业教育是一种观念和教育形式。（李亚员，2016）创新创业教育将引导高等学校不断更新教育观念，改革人才培养模式、教育内容和教学方法。（陈希，2010）

创新创业教育实践研究。创新创业教育的实践研究涉及领导机构、教学组织、师资队伍、课程设置、实践平台、项目支持、教育评价等多方面（赵俊兵，2019），也有研究者从课程体系、培养机制、考核方式、教学管理和实践指导的维度进行分析（田贤鹏，2016）。另外，创新创业教育模式研究属于该领域中的热门研究方向，不同的学者和不同的学校结合实际情况，通过个案总结形成了诸多模式，其中比较有影响力的包括清华深圳研究生院的"大学—政府—企业"生态网模式（马永斌等，2015）、"前店后校"模式（张鹤，2014）和王占仁倡导的"广谱式"（王占仁，2015）。

还有一些研究，着眼于创新创业教育的现状，通过了解现状，发现实践中的问题，以此来改进实践。这些研究对象多数集中于高校大学生，如高校执行创新创业教育政策的满意度调查。（田贤鹏，2016）少数研究者将高校教师作为调查对象，如刘帆（2019）以全国高校创新创业教育的职能部门和教学机构的教师为样本进行调查。在地域上有全国性的调查研究和地方性的调查研究,如针对北京市 31 所高校的实证调查(张秀峰等,2017)、河北高校在校大学生就业意向状况调查(王红梅,2015),浙江省 10 所应用型本科高校的调查(刘中晓和徐金涛,2016)等。

中职创新创业教育的实践研究。通过中国知网检索发现,在 9611 篇创新创业教育研究文献中仅有 47 篇与中职相关,410 篇创新创业教育现状研究中仅有 1 篇论文与中职相关。

1.3 国内外研究现状述评及本研究寻求的突破

国内外相关研究为本研究奠定了坚实的理论基础,部分已有研究成果所使用的研究思路和研究方法具有极其重要的借鉴意义。但也不得不承认,现有的研究并不够全面和深入。

从研究领域上来说,现有的国内研究都集中在高等教育领域,高中阶段的创新创业教育研究,特别是中等职业阶段的创新创业教育研究比较少,表明不论是理论研究还是实践研究都默认创新创业教育的实施主体为高校。但是,这与创新创业教育所具有的普遍性、长期性相矛盾,也与学者们一致认同的"创新创业教育是一次人才培养模式变革"的理念不一致。为此,本研究将中职纳入创新创业教育研究范围,以此弥补创新创业教育在中等职业教育领域研究的不足。

从研究内容上来说,现有的创新创业教育现状研究文献虽然在论文题目或概念界定时考虑了创业教育的创新特质,但在具体研究中却把"创新创业教育"暗自替换成了"创业教育",只调查了大学生的创业教育情况,这反映了研究者的实践操作与理念的不一致。本研究将谨记创新创业教育的内涵,并在此框架下设计研究内容。

从研究方法上来说,现有的创新创业教育现状研究多采用问卷调查法进行。虽然问卷调查可以较为直观清晰地呈现现状和问题,但却不能深入分析现状和问题背后的原因，因此，通过问卷调查得出的研究结果不一定能找到可以真正解决问题的有效对策。本研究将通过问卷调查了解中职创新创业教育的实施现状和问题，结合访谈寻找问题成因，以期"对症下药"。

从现状调查的对象上来说，国内创新创业教育现状调查的对象以在校大学生为主，较少对创新创业课程的教师进行调查。作者认为，以学生为对象进行的调查获得的是关于创新创业教育效果的部分信息，并不全面。本研究将同时向中职创新创业课程的实施者——教师发放问卷，并选取部分教师和中小微企业管理者进行访谈，以掌握中职创新创业教育实施状况的全面信息。

从调查对象的地域上来说，浙江省的中职创新创业教育现状研究还处于空白阶段，本研究将努力填补这一空白。

国内外研究现状综述的写作目的是全方位呈现该领域的研究情况，特别是研究重点、热点，以及趋势。在这篇综述中，作者先提出"在国外，与创新创业教育研究最相近的研究领域应属创业教育"，这个结论确定了国外在这一领域的研究侧重点，尤其是国外"创新"与"创业"两个概念的分离，与国内虽然二者并举却避"新"就"业"的片面理解，形成对照。在国内文献综述部分，作者首先提出"创新创业教育是我国的本土化概念"，后文的综述框架就是建立在"本土化"这一判断下，从创新创业教育发展的历史研究、创新创业教育理论研究、创新创业教育实践研究、中职创新创业教育的实践研究等4个方面进行综述。其次，表明国内的研究主要侧重在"本土化"的特点上，比如在创新创业教育实践研究中，作者提到的几种比较有影响力的双创模式，包括"大学—政府—企业"生态网模式、"前店后校"模式和"广谱式"，都是符合国情的创业模式。但这些模式无一不是"创业"，而非"创新"。由此可见，尽管"双创教育"具有"本土化"的模式，但依然没有脱离西方的"创业教育"母胎，有意回避"创新教育"这一难题。最后，在述评中职创新创业教育的实践研究中，文章写道："通过知网检索发现，在9611篇创新创业教育研究文献中仅有47篇与中职相关，410篇创新创业教育现状研究中仅有1篇论文与中职相关。"由此可见，对中职"双创教育"的研究非常匮乏，可以成为未来研究的方向。基于以上的分析，该文继续从研究领域、研究内容、研究方法、现状调查的对象、调查对象的地域等5个角度对文献综述进行总结，在每个角度都找到了研究的空白与不足，并确定了后续研究的价值与方向。

实例5-14：《自我刻板化对新入学中职学生自我概念的影响》核心概念阐述 [①]

1.1.1 自我概念的定义

自我概念（self-concept）是个体对自身的体验，在人格系统中占据核心位置。James（1890）认为，人类将自身看作客体，从而发展自身的态度及自我感觉，并且将自我分为了经验客体的自我和环境中主动行动着的自我。Cooley（1922）修正了James的自我概念，认为在社会环境中，个体将自身与周围环境共同视为客体，同时，提出了镜像自我概念。他认为，自我概念是个体对他人判断的反映，并将其他人视为一面观察自我的"镜子"，通过他人对自己的评价而形成。Mead（1934）重新阐述了James的经验自我与纯粹自我，认为经验自我实际上代表着某一群体的价值观，而纯粹自我是个体对他人态度的反映。Rogers（1959）认为，自我概念是个体对自己和所处的环境及其关系的知觉与评价，包

---

①案例选自：褚磊. 师生关系与自我刻板化对新入学中职生自我概念的影响[D].杭州：浙江大学,2018.

括主体的自我（符合现实的自我形象）、客体的自我（期望实现的自我形象），同时他认为，个体对自身的体验是一种动态的过程，而不是固定的实体。Rosernberg（1986）进一步发展了 Mead 的观点，认为自我概念是个体关于自己作为客体的思想和情感的总和。我国学者也对自我概念做出定义：朱智贤（1989）将自我概念视为一个人对自己的个性进行自我调节的心理系统，包含了认知成分、情感成分、抑制成分，它是基于自我意识的知、情、意的统一，是个性心理面貌的重要成分；刘凤娥等（2001）认为，自我概念主要是个体对自身所有方面的知觉，属于多维度、多层次、有组织、可评价的结构，据此能和他人区别开来。

尽管国内外学者对于自我概念进行了进一步的阐述及解释，但核心是想表达自我概念是个体将自身作为客观对象所做出的知觉。自我概念是个体对于自己的能力、外貌、态度、情感、价值及自身的特点等的评价而形成的总体认识。自我概念为个体提供了自我连续感和自身认同感，自我概念的发展水平标志着个体人格发展的健全程度，因此，研究自我概念的发展水平有助于进一步探究人格系统。

"核心概念界定"是指界定研究的内涵、范围，是对研究中关键词下的操作定义。这类概念往往是在前人的经验与研究的基础上提炼出自己的观点，因此对前人研究的梳理就成为这一研究核心概念界定的基础。案例中这项研究的核心概念有：自我概念、自我刻板化、师生关系、三者的关系。在对"自我概念"的论述中，作者分别从定义与理论建构两个角度进行综述，展示国外学者对"自我概念"的认知发展，以及国内学者对这一概念的理解。尤其是在评述国外学者关于"自我概念"的理解发展模块中，作者罗列了几个有代表性的学者观点，比如 James、Cooley 等，这些心理学家代表了西方从 19 世纪开始对于"自我概念"认知的几个阶段，具有历史纵深性。作者通过梳理，总结出关于"自我概念"的几条共识：①自我概念是个体将自身作为客观对象所做出的知觉。②自我概念是个体对于自己的能力、外貌、态度、情感、价值及自身的特点等的评价而形成的总体认识。③自我概念为个体提供了自我连续感和自身认同感，自我概念的发展水平标志着个体人格发展的健全程度。在此基础上，作者得出了该研究具有重要意义这一结论。通过文献界定论文核心概念的内涵与外延，能避免想当然地、非科学地概念界定，并为研究的价值提供了重要的佐证。

二、通过综述，铺垫研究的分析基础

文献综述的分析维度既要符合研究者的研究内容的维度，又要具备一定的纵深度，尤其是对于一些经典的理论、时间较长的实践，必须比较不同时期、不同背景下这一理论和实践的共性与个性，从而得出研究的价值、方向和维度。

实例 5-15：《中等职业教育课堂教学诊断方案设计与实施研究》的文献综述[①]

1. 国际课堂教学研究的重点趋向教学诊断

课堂教学研究是在科学教育教学理论指导下对发生在课堂上的教学具体实践的研究，包括课堂中的人、物及相关活动等，旨在发现课堂教学过程中遇到的真实问题，找出解决策略，最终提高教学质量。

伴随着"有效教学"运动的兴起，20 世纪 60 年代可以作为课堂教学研究的一个分水岭，之前的研究大都从教师的个人特征出发，"只是

---

①案例选自：耿悦.中等职业教育课堂教学诊断方案设计与实施研究[D].北京：北京师范大学，2018.

将教育结果与教师特征机械地联系起来，而忽视了对课堂教学实际的客观分析"[①]；随后研究的重点开始转移到教师在课堂中的教学行为，并期待揭开学生学习成就与教师的课堂教学行为之间关系的神秘面纱。后来，"有效教学"理念带来的教育改革逐渐涉及课程实施的微观层面，世界各国都在采取一系列教育措施来提高学生的学业成就。如2001年1月，美国总统小布什推行的"不让一个孩子掉队"（No Child Left Behind）教育改革计划，其中特别重视中小学的数学、科学和语言等课程，对其课堂教学质量也提出了明确的要求，要求到三年级结束时，所有学生能够实现独立阅读；完成十二年学业后，所有学生的数学和科学水平达到合格以上。[②]2008年7月，日本发布中长期教育发展规划，文件名为《教育振兴基本计划》，规划10年的发展目标，明确提出全面提高基础教育课堂教学的质量，重点培养所有学生的知识传承意识、创新能力及强烈的社会责任感。[③]2008年11月，整治中小学"乏味课堂"的专项行动由英国教育与技能部教育标准办公室（OFSTED）发起，根据发布的调查报告，不少中小学的教师拘泥于教材或课本，教学缺乏创造性，教师只让学生无休止地为考试做准备，等同于程式化的工厂操作的课堂教学，等同于灌输记忆材料的课本教学，不仅扼杀了学生的学习兴趣和积极性，而且束缚了学生的想象力与创造性，因此政府将加大对教育监督的力度，深入课堂，发现问题，针对长期进行"乏味课堂"教学的教师，[④]开展有针对性的培训和指导，将生气蓬勃的课堂还给学校，让学生享受

[①]MARZANO R J. What works in schools: translating research into action[M].Alexandria, VA: Association for Supervision and Curriculum Development, 2003.
[②]胡庆芳. 课堂教学研究的国际比较与诊断改进框架的构建[J]. 教育科学,2011(1):27-31.
[③]同上。
[④]同上。

学习的快乐，健康地成长。除此之外，"教师即研究者"的理念在英国人文课程研究运动中被提出，在教育界产生了较大影响，……

进入 20 世纪 90 年代，科技发展影响着教育的研究方向，以美国和日本为代表，开始尝试将课堂教学行为与录像等辅助手段结合起来进行观察和记录，课堂教学的"科学量化分析"进入研究视野[①]……

21 世纪以来，课堂里的"关键事件"都非常引人重视……

课堂教学研究应当以"教学改进"为最终目的，研究的具体途径有课堂教学诊断、问题分析与合理归因等。对课堂教学的研究和改进离不开教师素质和能力的提升，目前"教师专业发展学校"依托于大学教育学院，[②] 致力于培养教师课堂教学诊断能力，不断促进教师的专业发展。发现问题往往比解决问题更重要，因为只有逐步找到课堂教学中存在的实际问题，课堂教学改进才能瞄准方向，因此诊断将作为课堂教学研究的重要手段。针对不同院校探索和设计相应的诊断方案，可使诊断的适应性和实践性更强，且在促进教学改善方面则更为直接、有效。

2. 国外课堂教学诊断研究的分类梳理

1905 年，"比纳－西蒙量表"（Binet-Simon Scale）的开发标志着国外课堂教学诊断研究的开始，距今约有 110 多年的历史……

第一，诊断对象为教师。1949 年，美国课程理论专家拉尔夫·泰勒（Ralph Tyler）出版的《课程与教学的基本原理》（*Basic Principles of Curriculum and Instruction*）奠定了现代教育评价的理论基础，……

第二，诊断学生。1905 年，比纳（Binet）发表了《诊断异常儿童智力的新方法》，并与西蒙（Simon）编制了第一份诊断异常儿童智力的

---

①MOORE R A. Classroom research for teachers: a practice guide[M].Norwood, MA: Christopher Gordon Publishers, 2004.

②陈向明.质的研究方法[M]. 北京: 教育科学出版社, 2001.

测验量表，这就是著名的"比纳－西蒙量表"[①]……

第三，以师生互动为诊断对象。1950年，互动过程分析理论由美国社会心理学家贝尔思（Bales）率先提出，他通过研究形成12类行为编码，作为研究课堂中小组讨论"人际互动过程"的框架[②]……

国外课堂教学诊断建立在诊断性评价的基础上，目前对不同学段、不同学科的具体项目的诊断较多，利用课堂观察来检验和诊断评估有效性的研究是另一个方向，课堂观察和诊断的出发点还是围绕课堂教学的有效性。[③]美国西得州农工大学（West Texas A&M University）专门设立了教育诊断学教育硕士学位（Master of Education in Educational Diagnosis，MEED），对教育诊断学教育硕士的培养符合教育管理工作需要的高层次人才的要求，同时也标志着国外课堂教学诊断研究进入了一个新的创新发展阶段。[④]随着国外课堂教学诊断的应用逐渐广泛，诊断技术趋于成熟，我国应借鉴国外课堂教学诊断的经验，但是一定要在尊重客观规律和国情的前提下，"当前新媒体与新技术的发展已经能够让我们解决很多问题，但是我们还要学会怎样根据中国课堂的特征提出自己的课堂问题，技术只有与问题结合才能发挥更大的作用"[⑤]，所以科学的、持续的课堂教学诊断是改善教学的必由之路。

3. 以美国为代表的课堂观察工具的发展

为了解课堂教学的"黑箱"之谜，教育研究者和工作者一直在探索，其间，课堂观察工具被喻为开启"黑箱"的"金钥匙"，备受各国研究

①尹达.国外课堂教学诊断研究述评[J].世界教育信息，2015（12）：45-51.
②同上。
③DOE C. Integration of diagnostic assessment into classroom instruction[J]. Canadian association of applied linguistics, 2010.
④同①。
⑤夏雪梅.以学习为中心的课堂观察[M].北京：教育科学出版社，2012.

者关注。从对文献分析的角度来看，调适和创生是美国课堂观察工具开发的两种取向，课堂观察工具的内容设计主要考虑学科特性和学段因素。美国对课堂观察工具的研究起步较早，发展阶段性特征明显，大致经过了"萌芽—发展—成熟"3 个阶段。

首先，20 世纪初至 30 年代是萌芽阶段，教育研究深受实证主义的影响，人们开始有意识地探索如何将系统的定量的观察方法用于课堂研究中……

20 世纪 40 年代至 90 年代，美国课堂观察工具的研究得到较快发展，随着课堂观察在实践中的应用越来越广泛，系统化的课堂观察工具被大量开发，促进了美国课堂观察技术的进步[①]……

20 世纪末至今，课堂观察技术不断巩固成熟，课堂观察工具的开发主体趋向多元化，包括教育机构、咨询机构等，它们通过专门立项的形式获得资助，[②] 使课堂观察工具的开发更具针对性……

目前，我国研究者在对课堂教学的相关研究中愈加重视课堂观察的重要价值，以期促进学生有效学习、教师专业素质提升及课堂教学不断改进，其中弗兰德斯互动分析、S-T 分析等的应用比较广泛，质性解释和量化统计相结合的课堂观察正在成为课堂教学的研究趋势，课堂观察工具也在不断改进和本土化，用于解决中国课堂中的问题。

这项研究需要解决的问题是：第一，课堂教学诊断的重要意义如何；第二，中等职业教育课堂教学诊断的重要意义是什么；第三，课堂教学诊断方案设计的方法是什么；第四，课堂教学诊断方案实施的方法是什么。围绕这 4 个问题，作者将国外相关研究综述分为 3 个部分。

---

①刘晓慧.美国中小学课堂观察工具研究: 回顾、进展与启示[J]. 课程教学研究,2016(12):40-44.
②同上。

第一，国际课堂教学研究重点趋向教学诊断。针对这部分，作者运用文献概述的方法，阐述了从 20 世纪开始的"有效教学"运动到 21 世纪对课堂中"关键事件"的关注，阐述对国际课堂教学的研究开始走向"以'教学改进'为最终的目的"的"课堂教学诊断、问题分析与合理归因"等。作者抓住了不同年代的几个课堂教学变革的转折点，比如"2001 年 1 月，美国总统小布什推行的'让一个孩子掉队'（Child Left Behind）教育改革计划"；"2008 年 7 月，日本发布的短期教育发展规划"；2008 年 11 月英国的"整治中小学'乏味课堂'的专项行动"，并提出了"教师即研究者"的理念；20 世纪 90 年代的"科学量化分析"；"美国教育高质量研究中心进行的关于'教学'的五个核心要求"和"关键事件"的研究。这一部分的文献综述叙议结合，充分展示出国际教育形成课堂教学诊断趋势的背景与意义。但作为综述，这一部分欠缺对高频词的数据分析。如果要证明课堂教学诊断是国际教育的趋势，需要对国际教育研究的重要文章进行高频词分析，用数据证明近年来国际教育研究中的热词，有多少是与课堂诊断直接相关的，有多少是间接相关的。同时，也要与其他方向的研究热词进行对比，才能提出课堂教学诊断是国际教育趋势的结论。

第二，国外课堂教学诊断研究的分类梳理。在这一部分中，作者将诊断研究的对象分为教师、学生和师生互动。在"诊断对象为教师"这一综述中，作者整理了两张表，即"重要的教师教学行为特征一览表"和"教师课堂教学行为评价表"，这两张表都是美国教育学家多尔（Doyle）在 1893 年出版的《教学评价》一书中呈现的课堂教学诊断的重要标准与依据。但是作者没有进一步指出这两张评价表于 19 世纪 90 年代至 20 世纪在国外课堂教学诊断中的运用情况。尤其是在阐述诊断对象为学生及诊断对象为师生互动时，作者只提出了研究者们对诊断目的的分析，却没有涉及诊断维度与内容。

第三，以美国为代表的课堂观察工具的发展。在这一部分中，作者梳理了从 20 世纪至今的一些课堂观察工具，主要是弗兰德斯互动分析系统 FIAS、华盛顿西部大学开发的《观察指南》。在列举这些工具的同时，作者也分析了这些课堂观察工具兴起的原因及功能指向，为其课堂观察研究进行了铺垫。

在每一部分综述结束之时，作者还进行了总结，从而为自己的研究从方案的涉及、工具的选择到方法的选择方面建立了研究基础。

三、发现盲点，确定研究方向

在概念界定中可以通过文献研究，析出研究元素，为研究建立分析框架，并发现研究中的空白点，找到研究的方向。对于研究得比较成熟的主题，如何通过文献综述确定研究的切入点，如何发现现有研究的问题，这需要作者对文献进行精细的、抽丝剥茧式的研究。一般来说，在确定研究主题的时候，作者已然对论述的观点有了预设，因此在查找文献之时，可以与自己的预设不断对照，从而发现该预设是否成立。

实例 5-16：《中等职业学校学生顶岗实习社会排斥现象研究》的文献综述 [1]

（1）中职生顶岗实习困境的政策因素研究

相关研究者根据已有政策的制定和执行情况，分析了现有顶岗实习政策在设计和执行上的不足。多数研究者从政策操作层面进行研究并认为，顶岗实习相关政策可操作性不强。如李丽华指出，顶岗实习的相关

---

[1]案例选自：赵红. 中等职业学校学生顶岗实习社会排斥现象研究[D].北京：北京师范大学，2017.

规定必须依据我国《劳动法》制定，但是我国劳动保障局却没有参与具体文件的制定过程，使得校、企、生三方行为在顶岗实习中得不到《劳动法》的约束和保护[①]……

部分研究者从政策的效能上进行研究发现，顶岗实习的相关规定对企业行为的约束力不足。如郑静姝等表示，现有的《决定》《意见》《办法》等都是原则性、指导性文件，《职业教育法》虽规定了职业学校与企业在培养中职生上的责任，但企业受劳动部门管辖，并不承担与学校相同的职责，因此企业是否愿意并且如何参与中职生顶岗实习并不受约束[②]……

也有研究者从政策内容上进行研究并认为，相关政策缺乏对顶岗实习生劳动权益的保障。如王丹认为，目前学校、企业和学生通过签订《顶岗实习三方协议》来规定各方在顶岗实习中的职责和权利，但该协议不具有法律效力，且学生对该协议的知情率并不高[③]……

综上，已有关于中职生顶岗实习政策因素的研究多从顶岗实习政策的内容和效果上进行，少有关注实习相关政策的执行过程和政策执行过程中相关方的认识和态度。本研究认为，顶岗实习的相关政策的内容制定，需要建立在充分了解顶岗实习现状的基础之上。要充分了解政、校、企生各方对顶岗实习的认识，并结合现实条件制定有实施可行性的顶岗实习政策。另外，现有顶岗实习政策多从规范和约束的角度进行设计，缺少与顶岗实习相关的激励政策。

---

①李丽华.中职生顶岗实习存在的问题及对策研究[J].职业教育(中旬刊),2014,(12):44-47.
②郑静姝,石伟平.简论职业院校实施顶岗实习的困境及对策[J].职教论坛,2010,(27):67-71.
③王丹.中职学校学生实习研究[D].北京:中央民族大学,2015:56.

（2）中职生顶岗实习困境的企业因素研究

部分研究者对企业参与顶岗实习的动机进行了研究，他们认为，企业参与顶岗实习的最主要动机是获得优质的储备员工。如傅建东对12家企业进行调查的结果显示，顶岗实习成为企业招聘员工的重要途径[①]……

也有研究者对企业参与校企合作的合作成本与收益构成进行研究。如冉云芳等的研究结果显示，企业参与校企合作的首要收益来自企业自身的供给收益，其次来自学生的收益[②]……

多数研究者研究了企业参与顶岗实习动力不足的原因。如霍丽娟提出了企业参与顶岗实习动力不足的观点。其一，学生实习稳定率较低造成企业不易储备员工。[③]其二，企业需要为顶岗实习生支付用工成本、管理成本、误工成本等。[④]其三，企业承担确保顶岗实习生安全的责任，特别是数控、建筑类等实习危险系数较高专业的实习生的安全[⑤]……

综上，关于企业参与中职生顶岗实习的动力研究多从成本和收益视角进行分析。该视角虽能从理性角度思考企业接收顶岗实习生的动机，但企业绝非独立存在的个体，其行为也绝非仅仅受到企业内部理念的控制，它亦受到交往方如中等职业学校、政府、中职生的影响。因此，本研究认为，在分析企业参与中职生顶岗实习的动力时，应从企业与学校、

①傅建东.顶岗实习:企业与学生需求之间的平衡[J]中国职业技术教育,2016,(05):37-41.

②冉云芳,石伟平.企业参与职业院校校企合作成本、收益构成及差异性分析——基于浙江和上海67家企业的调查[J].高等教育研究,2015,(09):56-66.

③霍丽娟,刘新起,李虎斌,贾树生,赵菁. 企业参与校企合作的意愿调查与分析——以河北省企业为例[J]. 职业技术教育,2009,(34):35-39.

④⑤同③。

实习生互动等视角着手，避免孤立地看待问题。

（3）中职生顶岗实习困境的学校因素研究

现有关于中职生顶岗实习困境的学校因素研究并不多，主要有以下几种观点。有的研究者认为，中职学校的课程内容与顶岗实习内容脱节。如和震等认为，顶岗实习生所学内容与企业工作实际脱节，导致中职生无法顺利完成顶岗实习[1][2]……

（4）中职生顶岗实习困境的学生因素研究

学生是顶岗实习参与的主体，不少研究者认为，中职生职业能力和职业素养的欠缺导致了顶岗实习困境的产生。如常洁等认为，顶岗实习生适应能力差、人际交往能力和沟通能力不足等，导致其不能适应顶岗实习，并影响企业生产进程[3][4]……

（5）解决中职生顶岗实习困境的对策研究

为解决中职生顶岗实习中的问题，现有研究一方面从宏观调控的视角进行探索，多着眼于政策层面和国外实习模式比较层面；另一方面从微观管理的视角进行研究，多是从中职学校管理角度进行分析。

有研究者从顶岗实习政策制度设计视角提出对策。如和震分析了促进校企合作的多维对策，他认为，从经费角度看，应建立校企合作经费引导机制……

不少研究者对国外顶岗实习模式进行了研究，以期借鉴其中有益经验。其一，相关研究者推介德国双元制模式，以期借鉴德国政府通过立

---

[1]和震.职业教育校企合作中的问题与促进政策分析[J].中国高教研究,2013,(01):90-93.

[2]杨琳.中等职业学校实施"顶岗实习"的现状与对策研究[D].昆明:云南师范大学,2013:30-31.

[3]常洁,林燊宁.中职生顶岗实习现状的调查分析[J].职教通讯,2011,(01):69-72.

[4]蒙俊健.中职生顶岗实习适应能力调查[J].教育与职业,2010,(04):44-46.

法确立企业参与职业教育主体地位的做法。[①] 其二，相关研究者推介新加坡"教学工厂"模式的成功经验，认为"教学工厂"可以充分发挥实习生的主观能动性，避免企业将学生作为廉价劳动力的现象。[②]

教育信息化大背景下，不少研究者将顶岗实习的管理平台和互联网进行融合运用，创新了中职生顶岗实习管理模式。如张鑫基于APS.NETMV3.0开发了顶岗实习的信息管理平台，通过这个平台，可优化管理过程。[③]

也有研究者对实习管理主体进行创新。如陶怡认为，要确立以学校和企业为顶岗实习管理的双主体地位，双方统一管理目标，共同承担顶岗实习管理职责。[④] 双主体的管理模式的实质是建立深度的校企合作关系，双方在互通和协商的过程中完成对实习生的监控和管理。

该文针对中职生顶岗实习社会排斥现象，从中职生顶岗实习困境的政策因素研究、中职生顶岗实习困境的企业因素研究、中职生顶岗实习困境的学校因素研究、中职生顶岗实习困境的学生因素研究和解决中职生顶岗实习困境的对策研究"5个方面进行国内的文献研究综述，并基于企业、职业学校和学生三方在实习教育中的角色的角度对实习生问题进行文献分析，最后对国内外相关研究从三面进行总结。在分析国内的相关文献时，作者采用论评结合的方式，既详细分析了当前职业教育研究针对这个问题的相关论点，又指出这些论点片面、孤立看问题的弊端。比如在分析"中职生顶岗实习困境的企业因素研究"的文献中，作者指

①姜大源,吴全全.当代德国职业教育主流教学思想研究——理论、实践与创新[M].北京:清华大学出版社,2007:220-221.

②马早明.亚洲"四小龙"职业技术教育研究[M].福州:福建教育出版社.1999:92-193.

③张鑫,王倩,郭惠,侯清.基于ASP.NET MVC 3.0的顶岗实习信息管理平台的设计与实现[J].中国教育信息化,2013,(17):50-53.

④陶怡.顶岗实习"双主体"管理体系构建研究[D].上海:华东师范大学,2014:7.

出该文提出目前研究者认为企业接收中职生顶岗实习的主要动机是自身的收益，而动力不足的主要原因是实习生的不稳定性，以及成本过高、风险过大。由此，文章认为国内的"关于企业参与中职生顶岗实习的动力研究多从成本和收益视角进行分析。该视角虽能从理性角度思考企业接收顶岗实习生的动机，但企业绝非独立存在的个体，其行为也绝非仅仅受到企业内部理念的控制，它亦受到交往方如中等职业学校、政府、中职生的影响。因此，本研究认为，在分析企业参与中职生顶岗实习的动力时，应从企业与学校、实习生互动等视角着手，避免孤立看待问题"。关于"避免孤立看待问题"这一观点贯穿于这篇文章国内研究综述的始末。在与国外研究对比之后，文章总结的第一个观点即现有研究成果多聚焦中职生顶岗实习问题和对策研究，精准度把握不足。这为本文从多个视角，从政府、企业、学校、学生互动的角度，综合分析问题、呈现现象、归因溯源及提出对策奠定了文献研究的基础。

第六章

参考文献著录与学术道德规范

参考文献作为综述中不可缺少的组成部分，规范其格式是撰写科研文献综述的基本要求，有着重要的作用和意义。

近年来，学术不端案例时有发生，规范学术道德是针对学术工作的规范性操作指导原则，要求教师一定要遵守学术道德。

第一节 参考文献概述

参考文献是指在学术研究、论文撰写的过程中，对某些文献中的基本理论、观点、方法、结论进行参考、借鉴或引用。根据《信息与文献 参考文献著录规则》（GB/T 7714—2015），参考文献的定义是"对一个信息资源或其中一部分进行准确和详细著录的数据，位于文末或文中的信息源"。

参考文献作为文献综述中不可缺少的组成部分，有着重要的作用和意义。参考文献的权威性是文献综述前沿性、先进性、创新性的一种体现，是学术价值、传播价值、阅读价值和引用价值的重要评估指向，同时也体现了作者阅读、参考文献的深度和广度。规范著录参考文献是对于撰写科研文献综述的基本要求，体现了作者对于参考他人文献观点、材料、成果等的尊重，同时确保了文献综述的完整性。《中华人民共和国著作权法》中对于"适当引用"也有明确的规定，所撰写的文献在参考其他文献成果时，应注明出处。在学术期刊中，论文的参考文献有特定的标注规范，通常来说，参考文献的标注格式不能随意更改。

一、参考文献著录的目的与作用

参考文献既可以清晰地体现文献综述中所阐述的学术发展脉络和研究价值，从比较借鉴的角度，反映研究项目的起点、深度，又可以反映作者对相关学术领域的参考依据，同时也能作为综述的阅读延伸，从而更全面地将科研领域的相关研究呈现给读者。

（一）反映研究层次

参考文献可以抽象地交代文献综述的研究依据和范畴，承载着大量的研究信息，具有一定的索引文献综述的作用。学术科研工作具有继承性，所有的研究都不是凭空想象的，而是在前人研究的基础上再进行的，是对现有研究成果的延伸和深化。文献综述中关于研究的产生背景、学术观点、理论方法等的阐述，必然要对过去的研究成果和内容进行评价。因此，参考文献可在此基础上，为读者提供研究环境、背景等信息，使其能更快速地、准确地了解研究层次。

（二）区别于其他研究

参考文献的标注使得作者的研究内容与他人的研究成果的区别能一目了然地呈现出来。在撰写文献综述的过程中，不免会根据他人经验和成果来更完善地建立和拓展自己的研究架构，其中包括学术论点、材料信息、数据文件等。因此，对他人的研究进行区分并标注，是对他人学术成果的尊重，也可以有效避免重复研究，从而体现作者自身的研究方向和能力，以及研究内容的价值和创新。

（三）索引文献综述

现有的研究成果是通过传递、利用、优化相关信息和知识所得的，在此过程中，参考文献承载着大量的学术信息、研究内容的记录、索引作用，反映了学术研究的发展轨迹。读者通过参考文献，能够深入查阅、研读、分析其他文献，能够有效掌握研究方向、意义等，也拓宽了有相关研究兴趣的读者的研究思路，方便其更快地了解和掌握有关资料，便于进一步开展学术研究。

（四）节省文献综述篇幅

在撰写文献综述的过程中，对于某些需要论述的内容，如已有文献完整或详细地进行了阐述，且可完全表现作者所要表达的含义时，可以在文中简要呈现相应的参考文献，不必再次赘述。在节省篇幅、避免资料堆砌的同时，能够有效防止出现抄袭、剽窃他人研究成果的问题。

二、参考文献的引用原则

（一）准确性

引用相关文献时，所引文献应与文献综述的论题相关联，并保持其完整度，不得断章取义、牵强附会，不得随意改变原文献的学术观点。要保持严谨的学术态度，尊重他人的学术成果。在检测手段日益发达的今天，作者常常为了降低重复率，改写原作者的表述，因此非常容易产生引用不准确的问题。

（二）代表性

在参考他人学术成果时，应引用具有一定学术地位的专家、学者的观点，或是在学术领域具有一定影响力的经典论著、经权威期刊发表的论文等，但要杜绝"崇引"现象。同时，所引文献应具有较高的学术质量，包含高可信度、有效信息和数据等，以此增强研究方向的必要性和研究内容的可靠性。

（三）真实性

选择参考文献时，对于综述有所启发的文献，一定要引用，不得漏引；要直接引用参考的源文献，不得转引；未参考过的文献、无实质内容的文献，不得列入。一些作者缺乏学术的严谨性，常常为了省事，转引他人的观点和文字，且不查证出处的准确性。这种做法是不可取的。

实例 6-1：一句名言的"出口转内销"

"真正的教育是用一棵树去摇动另一棵树，用一朵云去推动另一朵云，用一个灵魂去唤醒另一个灵魂。"这是教师们非常喜欢引用的一句话，用这句话在中国知网进行全文检索，可以查到 737 条文献。并且，引用者多会在这句话前加上"德国哲学家雅思贝尔斯在《什么是教育》一书中说"这样的前缀。但 2019 年 11 月 7 日的《南方周末》一篇题为"一句名言的'出口转内销'"的文章对这句话的出处和引用史进行了系统查证，并向最初使用者亲自确认，证实这句话并非雅思贝尔斯所说，而是中国作者的手笔。

第二节　常用的参考文献著录规则及实例说明

根据《信息与文献 参考文献著录规则》（GB/T 7714—2015），参考文献著录规则较为复杂。虽然一些专门化的文献管理软件，如 EndNote 已经能够快速准确地帮助科研工作者自动生成"格式规范"的参考文献，中国知网等文献数据库也都已经具备自动导出参考文献的功能，提高了科研者撰写文献综述的效率。但是，目前这些软件和平台尚不足以覆盖全部参考文献的著录类型，如果在标注参考文献，职教教师发现软件和平台无法导出指定文献类型的参考文献格式，而自己又不清楚该类文献的著录规则时，就只能"干瞪眼"了。因此，了解并掌握基本的参考文献著录规则是必要的。本节从职教教师科研工作的需要出发，参照《信息与文献 参考文献著录规则》（GB/T 7714—2015），有目的地选取部分常用规则，并以实例形式和较为通俗的语言进行说明。

一、著录内容与要素

用以揭示文献信息资源内容和形式特征的记录事项被称为著录项目。每一条参考文献的记录是由具有文献信息各种特征的著录项目组成的。其中，每个著录项目包含了各自的著录要素，从而更为具体地表现所著录文献的信息特征。

通俗地讲，参考文献的格式中包括序号、作者、题名、文献类型标识代码和出版信息等五大内容，这是任何一种类型的参考文献格式中都不可或缺的内容。

实例 6-2：参考文献的基本著录内容

[1] 姜大源. 当代德国职业教育主流教育思想研究 [M]. 北京：清华大学出版社, 2007：301-303.

[2] 梁甘冷. 在线学习"茧房"的破解策略研究 [J]. 职业教育 (下旬刊),2020,19(4):37-45.

[3] 中华人民共和国教育部. 教育信息化"十三五"规划 [EB/OL].(2016-06-07)[2020-02-07].http://www.moe.gov.cn/srcsite/A16/s3342/201606/t20160622_269367.html.

实例 6-2 显示了 3 条参考文献，图 6-1 用不同图示对其内容进行标识。其中，用▭表示的部分是序号，用▭表示的是作者，标有〇的是文献类型标识代码，画有直线和波浪线的分别是题名和出版信息。

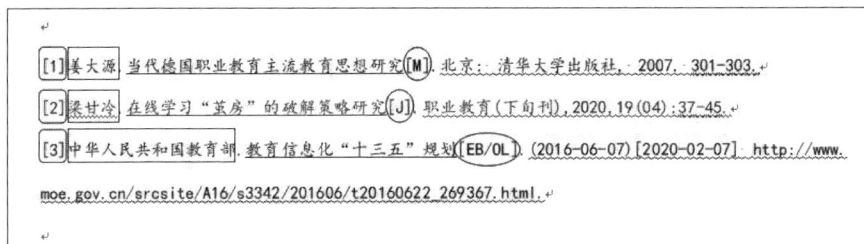

图 6-1　参考文献的基本著录内容示意

当然，在不同类型的文献中相应的内容名称会有所改变，如政策一般没有具体作者，这时就用主要责任者作为文献的作者。根据《信息与文献 参考文献著录规则》（GB/T 7714—2015），一般来说，参考文献中的要素有主要责任者或其他责任者、题名、文献类型标识代码、版本项、出版项、出版者、公告日期、更新日期、引用日期、获取和访问路径、数字对象唯一标识符、析出文献。

二、著录信息源

著录信息源是指著录各类参考文献时，优先选用的书目资料的来源。参考文献的著录信息源是被著录的信息源本身。由于各种信息资源均有揭示其自身特点的结构，各类参考文献的主要信息源有所区别，具体如表6-1所示。

表6-1　各类参考文献的著录信息源

文献类型	著录信息源
专著	书名页、版本记录页、封面等
专著中的析出文献	参考文献本身（即析出的篇章）与源文献的主要信息源
连续出版物	封面、版本记录页等
连续出版物中的析出文献	参考文献本身（即析出的篇章）与源文献的主要信息源
专利文献	书名页、版本记录页、封面等
电子资源	特定网址中的信息

三、文献类型及其标识代码

每一种参考文献都有其不同的特点，如专著是以出版物形式出版的，一般有出版社，因此出版信息中必须包含出版社；又如，电子资源一般呈现在互联网上，虽没有出版社信息，但有其唯一的网址信息，因此，网址就应该是电子资源的出版信息。所以，不同的参考文献著录格式会在4项基本著录内容的基础上有所变化。

根据参考文献著录格式的不同，可以将参考文献分为专著、专著中的析出文献、连续出版物、连续出版物中的析出文献、专利文献和电子资源。它们的具体含义及代表性文献见表6-2。

表 6-2　参考文献类型及其概念

参考文献类型	含义	举例
专著	以单行本形式或多卷册（在限定的期限内出齐）形式出版的印刷型或非印刷型出版物，包括普通图书、古籍、学位论文、会议文集、汇编、标准、报告、多卷书、丛书等出版物	清华大学出版社出版的《职业教育工学结合一体化课程开发指南》、浙江大学出版社出版的《浙江省志丛书》、高等教育出版社出版的《2019 中国高等职业教育质量年度报告》
专著中的析出文献	从普通图书、古籍、会议文集、汇编等非连续出版物中析出的具有独立篇名的文献	浙江大学出版社出版的《浙江省志丛书》中的《浙江省教育志》、华东师范大学出版社出版的《杜威全集》中的第 1 卷《杜威全集·早期著作 (1882—1888)》
连续出版物	一种载有卷期号或年月日顺序号，并计划无限期地连续出版发行的印刷或非印刷形式的出版物。它包括以各种载体形式出版的期刊、报纸等	学术期刊，如《中国职业技术教育》《教育与职业》
连续出版物中的析出文献	从期刊、报纸等出版物中析出的具有独立篇名的文献	《人民日报》的评论《职业教育让人生走得更远》
专利文献	专利局公布或归档的与专利有关的所有文献，包括发明说明书、专利公报、专利分类表、分类表索引、各种累计索引及专利从申请至结案过程中涉及的一切文件和资料，其中以发明说明为主	浙江光尖电子技术有限公司申请的《一种手机载内置式芯片光谱仪模块》
电子资源	以数字方式将图、文、声、像等信息存储在磁、光、电介质上，通过计算机、网络或相关设备使用的记录有知识内容或艺术内容的文献信息资源，包括电子图书、电子期刊、数据库、电子公告等	中华人民共和国中央人民政府网站上发布的《国家职业教育改革实施方案》

在文献综述中，但凡引用他人的观点或表述，都需要进行标注。根据参考文献类型标识码的不同，参考文献可以分为专利文献、会议论文集、报纸、学位论文、报告。文献类型及其标识代码如表6-3所示。

表6-3　文献类型及其标识代码

文献类型	标识代码	使用举例
普通图书	M	[1] 米歇尔·福柯.知识考古学 [M].谢强，马月，译.2版.北京：生活·读书·新知三联书店,2003.
会议录	C	[2] 姜大源.关于职业教育学基本问题的思考 [C].中国职业技术教育学会.中国职业技术教育学会2006年学术年会论文集.北京：中国职业技术教育学会,2006:191-207.
报纸	N	[3] 袁遥.西班牙如何发展职业教育 [N].学习时报,2020-08-21(002).
期刊	J	[4] 周建松."双高"建设背景下高职院校治理能力提升研究 [J].教育与职业,2020(14):13-18.
学位论文	D	[5] 伏梦瑶.职业教育能力本位课程的教材开发研究 [D].上海：华东师范大学,2020.
报告	R	[6] 浙江省教育厅.浙江省中等职业教育2019年度质量报告 [R/OL].(2020-03-26)[2020-08-07].http://jyt.zj.gov.cn/art/2020/3/26/art_1659827_42397372.html.
标准	S	[7]GB 21746-2008,教学仪器设备安全要求总则 [S].
专利	P	[8] 马骁,何建军.一种手机载内置式芯片光谱仪模块 [P].CN111458028A,2020-07-28.
电子资源	OL	[9] 林艳春.劳动教育在田园里"落地生根" [N/OL].(2020-08-22)[2020-08-23]. http://www.jyb.cn/rmtzgjyb/202008/t20200822_352706.html.
数据库	DB	[10] 万锦.中国大学学报文摘 (英文版)(1983—1993) [DB/CD].北京：中国大百科全书出版社,1996.
电子公告	EB	[11] 中国职业技术教育学会.工业互联网技术应用研究院工作会议召开 [EB/OL].(2020-08-07)[2020-08-07]. http://www.chinazy.org/info/1040/4615.htm.
其他	Z	[12] 许永龙.基于灰色系统理论的高校质量评估技术研究 [Z].天津：天津师范大学,2004-10-29.

四、著录标识符号

从上文的实例中可以发现，参考文献格式中除了有项目和要素外，还有很多标点符号。参考文献著录格式中的标点符号的功能与使用方法均与传统的标点符号不同。参考文献中的标识符号属于前置符，即标识符号置于著录项目或著录要素之前，以体现著录项目、著录要素的特征，达到识别目的。著录标识符号的使用说明如表6-4所示。

表6-4　参考文献著录的标识符号

符号	使用说明
.	用于题名项、析出文献题名项、其他责任者、析出文献其他责任者、连续出版物的"年卷期或其他标识"项、版本项、出版项、连续出版物中析出文献的出处项、获取和访问路径及数字对象唯一标识符前。每一条参考文献的结尾可用"."号
:	用于其他题名信息、出版者、引文页码、析出文献的页码、专利号前
,	用于同一著作方式的责任者、"等""译"字样、出版年、期刊年卷期标识中的年和卷号前
;	用于同一责任者的合订题名及期刊后续的年卷期标识与页码前
//	用于专著中析出文献的出处项前
（ ）	用于期刊年卷期标识中的期号、报纸的版次、电子资源的更新或修改日期及非公元纪年的出版年
[ ]	用于文献序号、文献类型标识、电子资源的引用日期及自拟的信息
/	用于合期的期号间及文献载体标识前
－	用于起讫序号和起讫页码间

五、著录细则及注意事项

参考文献格式的复杂性主要体现在著录细则上。参考文献著录要素的具体要求很多，也极容易出错，特别是对一些不经常出现的要素，如图书的译者、外文作者和单位的著录方法等。

（一）主要责任者或其他责任者

主要责任者是指对文献的知识内容或艺术内容负主要责任的个人或团体，一般指作者。并且，主要责任者之外的责任者视为其他责任者。例如，译著的著者为主要责任者，译者为其他责任者。

1. 个人著者

个人著者采用姓在前名在后的著录形式。特别需要注意的是，欧美著者的名可用缩写字母，缩写名后省略缩写点，欧美著者的中译名只著录其姓；同姓不同名的欧美著者，其中译名不仅要著录其姓，还需要著录其名的首字母。

2. 团体个人著者

团体个人著者凡是对文献负责的机关团体名称，通常根据著录信息源著录。机关团体名称应由上至下分级著录，上下级间用"."分隔，用汉字写的机关团体名称除外。

3. 著作方式相同的责任者

对于不超过 3 名著作方式相同的责任者时，全部照录。超过 3 名时，著录前 3 个责任者，其后加"，等"或与之相对应的词。

4. 著作方式不同的责任者

著作方式不同的责任者是指以不同著作方式创作同一部文献的责任者。如之前提到的译著，著者为主要责任者，译者为其他责任者。当其他责任者超过 3 名时，只著录前 3 名责任者，其后加"，等"或与之相对应的词。如果译著的译者超过 3 名时，则著录前 3 名，其后加"，等，译"。

5. 无责任者或责任者情况不明的文献

出现无责任者或责任者情况不明的文献时，"主要责任者"项应注明"佚名"或与之相对应的词。对于按照顺序编码制编写的参考文献可忽略此项,直接著录题名。

主要责任者或其他责任者著录实例见表6-5。

表6-5　主要责任者或其他责任者著录实例

要素	实例	
	原题格式	著录格式
个人著者	（清）蒲松龄	蒲松龄
	Jacquelynne Eccles	ECCLES J.
团体著者	浙江省中华职教社	浙江省中华职业教育社
	Department of Technical Co-operation for Development, United States	United States. Department of Technical Co-operation for Development
著作方式相同的责任者	郑艳秋,杨蕊竹,周林娥,叶玉曼	郑艳秋,杨蕊竹,周林娥,等
	Javier Gimeno, Timothy B. Folta, Arnold C. Cooper and Carolyn Y. Woo	GIMENO J, FOLTA T B, COOPER A C, et al.
著作方式不同的责任者	教育大百科全书:教育评价（美）H.J.沃尔博格主编张莉莉译	沃尔博格·H.J.教育大百科全书:教育评价 [M].张莉莉,译

（二）图书出版项

出版项是从出版发行的角度揭示文献的特征,反映文献的出版情况。出版项按照出版地、出版者、出版日期的顺序著录。

1. 版　本

图书版本是参考文献著录项目之一,是读者确认与选择文献的重要因素。文献的版本发生变化时,意味着该文献的内容相较于前一版有所修改。在著录版本项时,第1版无须著录,其他版本的版本项须著录。版本的表现形式主要有3种:用序数词表示版次,用文字表示版本,用

年代表示版本。古籍的版本可著录为写本、抄本、刻本、活字本等。图
书版本著录实例见表6-6。

表6-6　图书版本著录实例

要素	实例	
	原题格式	著录格式
图书版本	第三版	3版
	修订版	修订版
	明刻本	明刻本
	Fifth edition	5th ed

2. 出版地

出版地，指著录出版者所在地的城市名称。对于同名异地或不为人
所熟知的城市名，宜在城市名后附省、州名或国名等限定语。当文献中
载有多个出版地时，只著录第一个或处于重要位置的出版地；当文献无
出版地时，中文文献著录为"出版地不详"，外文文献著录为"S.l."（Sine
loco），并置于方括号内；无出版地的电子资源可忽略此项。

3. 出版者

出版者一般按著录信息源所载的形式如实照录，也可以按国际公认
的简化形式或缩写形式著录。当文献中载有多个出版者时，只著录第一
个或处于显要位置的出版者；当文献无出版者时，中文文献著录"出版
者不详"，外文文献著录"s.n."（sine nomine），并置于方括号内；无
出版者的电子资源可忽略此项。

4. 出版年份

出版年采用公元纪年，并用阿拉伯数字著录，如有其他纪年形式，
将原有的纪年形式置于"（ ）"内。出版年无法确定时，可依次选用版
权年、印刷年、估计的出版年，估计的出版年应置于方括号内。

实例 6-3：著录《知识考古学》

《知识考古学》的著录源信息，即版权页信息如图 6-2 所示。

图书在版编目(CIP)数据

知识考古学/(法)福柯著;谢强，马月译. -2 版

北京:生活·读书·新知三联书店,2003.1(2004.2重印)(2007.4重印)(2008.9重印)

(学术前沿)

ISBN 978-7-108-01793-2

Ⅰ.知Ⅱ.①福…②谢…③马…. 思想史

研究方法 V.B1-3

中国版本图书馆 CIP 数据核字(2002)第 089884 号

图 6-2 　《知识考古学》CIP 信息

《知识考古学》的著录格式为：

[1] 米歇尔·福柯.知识考古学 [M].谢强，马月，译.2 版.北京:生活·读书·新知三联书店 ,2003.

（三）日　期

电子出版物的著录需要标出日期，包括公告日期、更新日期、引用日期。报纸需要标出版日期。日期按照"YYYY-MM-DD"格式，用阿拉伯数字著录，如 2020-08-01。

实例 6-4：著录《国务院关于印发国家职业教育改革实施方案的通知》

《国务院关于印发国家职业教育改革实施方案的通知》的著录源信息，如图 6-3 所示。

索　引　号:000014349/2019-00005	主题分类:科技、教育\教育
发文机关:国务院	成文日期:2019 年 01 月 24 日
标　　题:国务院关于印发国家职业教育改革实施方案的通知	
发文字号:国发〔2019〕4 号	发布日期:2019 年 02 月 13 日
网址:http://www.gov.cn/zhengce/content/2019-02/13/content_5365341.htm	

图 6-3 　著录源信息

《国务院关于印发国家职业教育改革实施方案的通知》的著录格式为：

[1] 国务院.国务院关于印发国家职业教育改革实施方案的通知（国发〔2019〕4号）[EB/OL].(2019-02-13)[2020-08-22]. http://www.chinazy.org/info/1040/4615.htm.

（四）页码或引文页码

引用专著或期刊论文中具体内容时，需要标注具体页码，页码应采用阿拉伯数字著录。引自序言或扉页题词的页码，可按实际情况著录。

实例6-5：参考文献的页码著录

[1] 石伟平.我国职业教育课程改革中的问题与思路[J].中国职业技术教育,2006(1):6-8.

[2] 徐国庆.职业教育课程、教学与教师[M].上海：上海教育出版社，2016：前言2-3.

[3]HEIDEGGER G.Evaluation Research[M]//RAUNER F,MACLEAN R.Handbook of Technical and Vocational Education and Training Research, Dordrecht:Springer,2008:825-833.

（五）析出文献

从专著中析出具有独立著者、独立篇名的文献与源文献时用"//"表示；从报刊中析出具有独立著者、独立篇名的文献与源文献时用"."表示。

从期刊中析出的文章，应在刊名之后注明其年、卷、期、页码。阅读型参考文献的页码著录文章的起讫页或起始页，引文参考文献的页码著录引用信息所在页。从合期中析出的文献，还应在圆括号内注明合期号。在同一期刊上连载的文献，其后续部分不必另行著录，可在原参考文献后直接注明后续部分的年、卷、期、页码等。从报纸中析出的文献，应在报纸名后著录其出版日期与版次。

实例 6-6：期刊中的析出文献的著录格式

[1] 李兴洲 . 我国高等职业教育投入探析 [J]. 教育研究 ,2012,33(2):49-52.

其中，"2012,33(2):49-52" 分别表示 "年，卷（期）：页码"。

六、著录项目与相应的著录格式

（一）专　著

专著的著录格式为：[标引项顺序号] 主要责任者 . 题名：其他题名信息 [文献类型标识 / 文献载体标识]. 其他责任者 . 版本项 . 出版地：出版者，出版年：引文页码 [引用日期]. 获取和访问路径 . 数字对象唯一标识符 .

实例 6-7：专著的著录格式

[1] 童富勇 . 孙诒让教育思想研究 [M]. 杭州：浙江教育出版社，1998:23-25.

（二）专著中的析出文献

专著中的析出文献著录格式：[标引项顺序号] 析出文献主要责任者 . 析出文献题名 [文献类型标识 / 文献载体标识]. 析出文献其他责任者 // 专著主要责任者 . 专著题名：其他题名信息 . 版本项 . 出版地：出版者，出版年：析出文献的页码 [引用日期]. 获取和访问路径 . 数字对象唯一标识符 .

需要注意的是，析出文献独有的符号标识 "//" 的用法，且要注意区分析出文献题名和专著题名，经常会出现将二者著录位置互换的现象。

实例 6-8：专著中的析出文献的著录格式

[1] 贾东琴，柯平 . 面向数字素养的高校图书馆数字服务体系研究 [C]// 中国图书馆学会年会论文集：2011 年卷 . 北京：国家图书馆出版社，2011：45-52.

[2] SCRIVEN M.Truth and Objectivity in Evaluation[M]// CHELIMSKY E,SHADISH W.Evaluation for the 21st Century:a handbook.

Thousand Oaks,CA:Sage.1997:477-500.

（三）连续出版物

连续出版物的著录格式：[标引项顺序号] 主要责任者 . 题名：其他题名信息 [文献类型标识 / 文献载体标识]. 年，卷（期）- 年，卷（期）. 出版地：出版者，出版年 [引用日期]. 获取和访问路径 . 数字对象唯一标识符 .

需要注意的是，连续出版物的出版年应用时间区间来著录，以体现出版物的连续性。

实例 6-9：连续出版物的著录格式

[1] 浙江教育出版社 . 职业教育（下旬刊）[J].2008(1)-. 杭州：浙江教育出版社，2008-.

[2] 吉林工程技术师范学院 . 职业技术教育 [J].1994(1)-. 长春：吉林工程技术师范学院，1994-.

（四）连续出版物中的析出文献

连续出版物中的析出文献的著录格式：[标引项顺序号] 析出文献主要责任者 . 析出文献题名 [文献类型标识 / 文献载体标识]. 连续出版物题名：其他题名信息，年，卷（期）：页码 [引用日期]. 获取和访问路径 . 数字对象唯一标识符 .

需要注意的是，对于期刊的引用可以在中国知网等网站直接导出，导出的格式即规范的著录格式，这也是一种最为常见的参考文献著录方式，可以节省大量的时间。

实例 6-10：连续出版物中析出文献的著录格式

[1] 贺陆军 . 改革开放 40 年浙江县域中职教育发展历程与走向——基于平湖县域与全国数据比较 [J]. 职业教育（下旬刊),2020,19(4):25-36.

[2] 韩志忠 . "互联网＋职业教育"的探索与实践 [J/OL]. 教育科学（全文版），2020(4):310.[2020-06-04]. http://www.cqvip.com/QK/72176X/202004/epub1000002091322.html.

（五）专利文献

专利文献的著录格式：[标引项顺序号] 专利申请者或所有者 . 专利题名：专利号 [文献类型标识 / 文献载体标识]. 公告日期或公开日期 [引用日期]. 获取和访问路径 . 数字对象唯一标识符 .

需要注意的是，虽然专利文献在职教科研文献中并不常见，但仍要关注专利号的准确性。

实例 6-11：专利文献的著录格式

[1] 李媛媛 . 一种用于职业教育的智慧校园系统：201610679490.1[P]. 2016-11-09.

（六）电子资源

电子资源的著录格式：[标引项顺序号] 主要责任者 . 题名：其他题名信息 [文献类型标识 / 文献载体标识]. 出版地：出版者，出版年：引文页码（更新或修改日期）[引用日期]. 获取和访问路径 . 数字对象唯一标识符 .

需要注意的是，电子资源的引用在著录"更新或修改日期"时容易出错，且部分电子资源可能未标明"更新或修改日期"，此时，此项内容可以忽略，不进行著录，但"引用日期"一定要著录其中。此外，在著录的时候，一定要确保"获取和访问路径"的准确性，经常会出现所引的网站无法打开的情况。

实例 6-12：电子资源的著录格式

[1] 教育部规划司 . "教育＋产业＋文化"，精准助力滇西脱贫 [EB/OL].(2017-10-16)[2019-10-30].http://www.moe.gov.cn/jyb_xwfb/xw_zt/moe_357/jyzt_2017nztzl/2017_zt12/17zt12_gssjy/201710/t20171016_316433.html.

[2]BROWN B L.Quality improvement awards and vocational education assessment[DB/OL].(2013-01-28)[2018-09-30].http://ericae.net/edo/ed407574.htm.

第三节　参考文献与注释的标注

一、参考文献的标注方法

（一）编码标注

参考文献表可按顺序编码制制作，也可按著者－出版年制制作。其中，职教科研文献普遍采用顺序编码制著录。顺序编码制是指作者依照所引文献的先后顺序，用 [1]、[2]……的形式连续编码，并在参考文献表中，同样以 [1]、[2]……的编码顺序，依次著录具体文献。一般来说，参考文献的序号作为上角标在正文中进行标注，但也可以标注为一般语句的组成部分。

（二）文中标注

在文献综述的正文中，具体标注引文的具体内容和具体出处是最严谨、最常用的标注方式。在文献综述中，常见的文中标注方式有两种，分别是上角标式和括号式标注，如实例 6–13 和实例 6–14 所示。

实例 6–13：上角标式标注

国外学者较早运用第四代评估理论开展教育诊断实践……霍伯纳 (Angela J.Huebner) 和贝茨 (Sherry C.Betts) 将第四代评估方法运用到社区与大学的诊断项目中 [1]，通过诊断实践展示第四代评估的优点。第四代评估理论进入我国教育研究者视野的时间并不长，因此，国内多数研究都只停留于宏观的评述……

结果表明，授权评价能够满足多元价值的需求，在我国广泛实施具有一定的制度性支持,如体制建立、机制建构、方法培训、理念认同等[2]……由瑞典工作心理学家开发的能力测评工具 ICA(Instrument for Competence Assessment) 通过访谈对个人的工作能力及活动和实施能力进行诊断,以推断被测者个人的能力水平。由于这一工具重点对个人工作过程之外的能力进行诊断,并不一定满足职业能力诊断的专业要求[3]。

参考文献:

[1]Huebner A J,Betts S C.Exploring the utility of social control theory for youth development:issues of attachment,involvement,and gender[J].Youth & Society,2002(2):123−145.

[2] 孙芳芳.基于授权评价的职业院校内部质量诊断研究 [D].北京:北京师范大学,2017.

[3] 高帆,赵志群,黄方慧.职业能力测评方法的发展 [J].中国职业技术教育,2017(35):9−16.

实例 6-14: 括号式标注

一些研究,着眼于创新创业教育的现实状况,通过了解现状,发现实践中的问题,以此来改进实践。这些研究对象多数集中于高校大学生,如高校执行创新创业教育政策的满意度调查。(田贤鹏,2016)少数研究者将高校教师作为调查对象,如以全国高校创新创业教育的职能部门和教学机构的教师为样本。(刘帆,2019)在地域上有全国性的调查研究和地方性的调查研究,如北京市 31 所高校的实证调查(张秀峰等,2017),河北高校在校大学生就业意向状况调查(王红梅,2015),浙江省 10 所应用型本科高校的调查(刘中晓等,2016)等。

参考文献:

[1] 田贤鹏,2016.高校创新创业教育政策实施满意度调查研究——基于在校学生的立场 [J].高教探索 (12):111−117.

[2] 刘帆 ,2019. 高校创新创业教育现况调查及分析——基于全国 938 所高校样本 [J]. 中国青年社会科学 ,38(4):67-76.

[3] 张秀峰 , 陈士勇 ,2017. 大学生创新创业教育现状调查与思考——基于北京市 31 所高校的实证调查 [J]. 中国青年社会科学 ,36(3):94-100.

[4] 王红梅 ,2015. 基于对河北大学生创业意向调查的创新创业教育探析 [J]. 山西财经大学学报 ,37(S2):102-103,113.

二、在 Word 中添加参考文献的操作

当职教教师按照参考文献的著录格式编辑数条参考文献后，需要将参考文献以脚注或尾注的形式插入正文中。使用 Word 的"引用""插入脚注""插入尾注"功能，可以快速地对参考文献进行编码、排序和修改。

（一）参考文献按顺序自动编号

在 Word 中，将光标移动到第 1 条参考文献的开头，如图 6-4 所示。

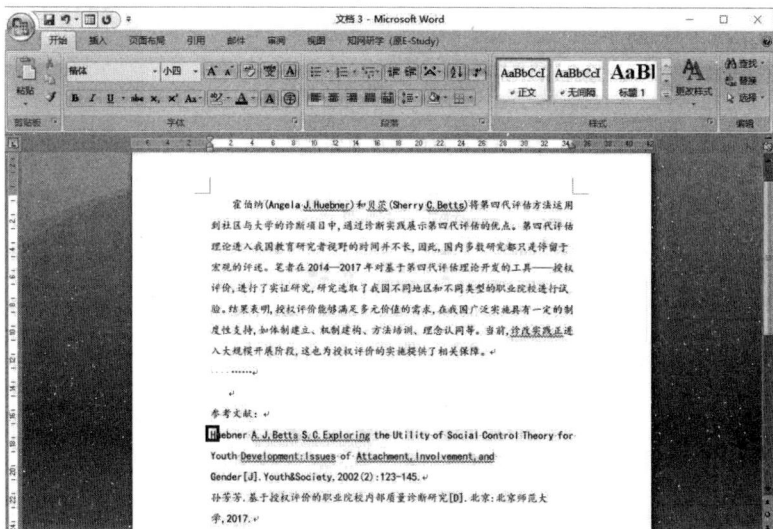

图 6-4　移动光标至参考文献前

单击 Word 的"开始"菜单中的编号库的下拉菜单（见图 6-5），在出现的下拉菜单中执行"定义新编号格式"命令，出现的对话框如图 6-6 所示。

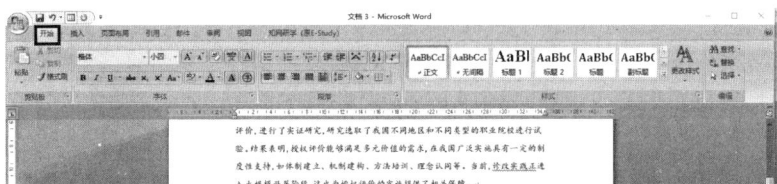

图 6-5　单击"编号库"的下拉菜单

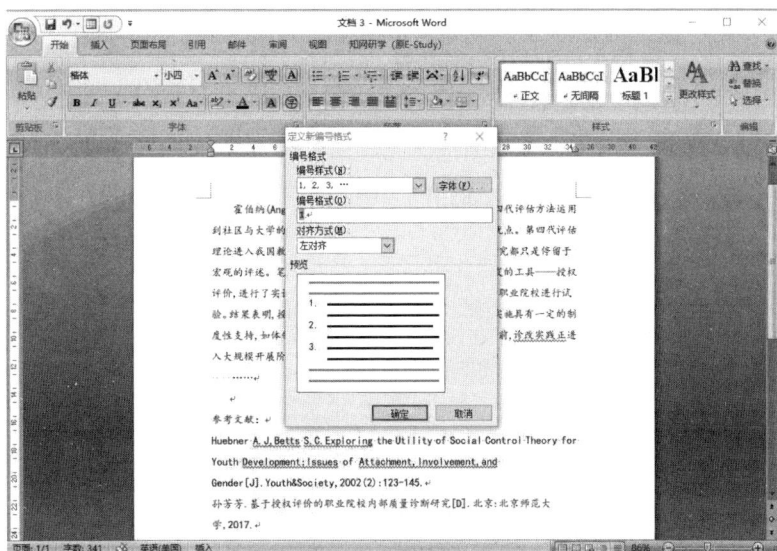

图 6-6　定义新编号格式

在"编号格式"中输入"[1]"，单击"确定"按钮（见图 6-7），则第一条编号输入完成。换行后，Word 会自动连续标号，接着可添加其他引用文献，如图 6-8 所示。

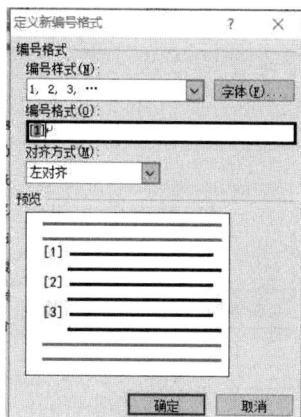

图 6-7　在"编号格式"中输入"[1]"

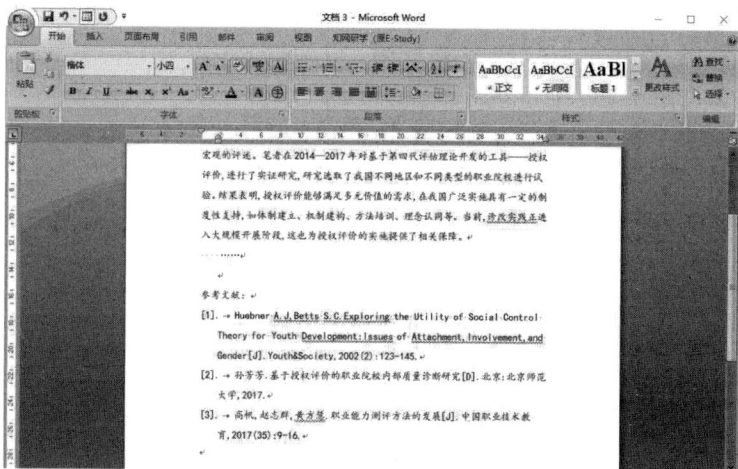

图 6-8　完成参考文献编号

(二) 在正文中标注所引文献

将光标移至文章中待引用处，执行"引用"—"交叉引用"命令，弹出的"交叉引用"对话框如图 6-9 所示。再选择对应的参考文献，单击"插入"按钮，结果如图 6-10 所示。

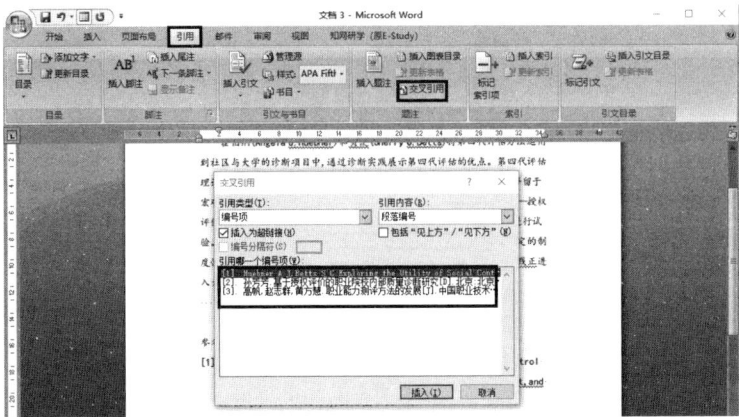

图 6-9　交叉引用

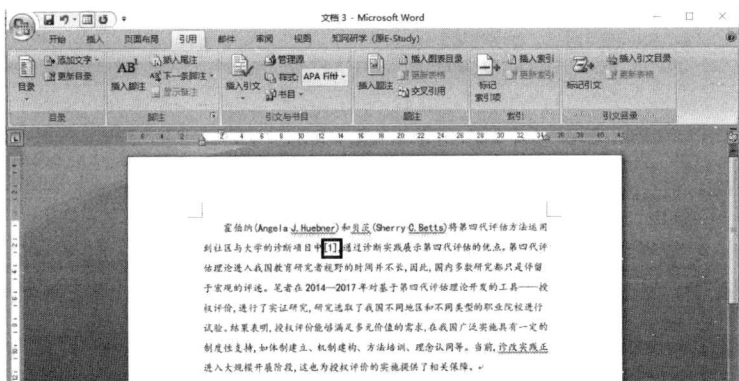

图 6-10　插入参考文献序号

选中编号，将其字体格式设置为"上标"，至此完成第一条参考文献的引用标注。重复以上操作，即可完成对所有参考文献的标注。

三、参考文献与注释的区别

注释是对书籍或文章的语汇、内容、背景、引文做介绍、评议的文字。

注释一般分为两种。一是内容注释，指对正文中表述不完善的内容加以补充说明，比如某部分的专业术语、典故出处、发生背景、学术观点，以及文中某些晦涩的词句。这样可以使正文不会过于冗长复杂，也不会淡化作者需要表述的重点。二是来源注释，指对正文中的观点、数据、资料等的来源的标注，使得读者对于作者所要阐释的内容有更明确的认知。

撰写文献综述或论文时常会通过标注注释来说明需要进一步解释或补充的内容。由于注释与参考文献的格式极其相似，职教教师要注意区分两者的差异，并恰当使用。

（一）内涵方面

注释可以对一些正文未说明的内容进行补充和解释，而参考文献并不能呈现这些。参考文献的著录是对所参考的文献的内容、观点等的直接或间接引用。因此，一般注释引用的文献范围比参考文献的著录范围更为广泛。

（二）来源方面

虽然参考文献和注释都有对于来源的说明，但参考文献的来源是公开发表或出版的资料、文献等，而注释的来源可以是非正式出版、非公开发表的内部信息或其他文献等。

（三）格式方面

文后参考文献的著录项目、次序、标记符号等的格式有严格规定，在标注时，通常著录于文末。而注释对于格式方面的规范相对不固定，属于叙述性的一般行文，通常列于需要注释的页面下方作为脚注，或是在正文相应位置上用小括号或引号标注需要注释的内容。

四、参考文献著录和注释标注应注意的问题

要理解参考文献和注释的差异性，不能将两者等同。例如，将文中注释的序号和参考文献的序号相混淆。选择和标注参考文献时，一定要是作者真实参考过并对文章有启示作用的文献资料，而不能直接引用转引注释，比如将译著的引文注释为外文原著，即在引用译著时，实际引用的是中文版，却标注为原文版，这关乎于学术道德规范和文献著录规范。

著录的参考文献必须是一次文献，避免使用二次文献，二次文献即对一次文献进行加工整理后的产物。注释的内容应力求简洁、准确，直接注释时，可在文中直接用括号说明，不随文列出的注释可用脚注标明。

第四节　学术道德与学术不端

一、学术道德的内涵与要求

道德是一种社会意识形态，是指一种调整人与人、人与社会、人与自然及人与自身之间关系的行为规范。学术道德是在学术界的道德具体化，是指研究人员在进行学术研究活动的过程中应该自觉遵守的行为规范，包括道德观念、道德情操、道德规范和道德行为。学术道德应是内心的自觉与规范，每个研究者应以理性、公正的态度审视他人的研究成果，同时，能够客观、公平、真实地对待自己的学术研究。近年来，学术不端的案例不断发生，警醒着职教教师在科研工作中一定要遵守学术道德。

（一）研究态度要实事求是

在进行学术研究的过程中，实验的设计、理论方法的选择、资料的搜集、结果的统计分析都应秉持实事求是的态度来探索与实践。此外，实事求是还表现在实验或调查研究的结果上，即结果必须忠于原始材料和实验数据，不得随意更改、取舍，甚至伪造。一旦发现已公开发表的研究成果存在错误和失误，应以适当的方式予以公开声明。

（二）研究内容要准确阐述

文献所表述的内容必须客观地建立于真实存在的事实之上，对研究方法的介绍须准确，对研究模式的构建须完整，对研究结果的分析须客观，对参考文献的引用须规范。作者要经过反复核对，确保研究内容的准确无误。

（三）文献署名要严谨规范

在研究过程中做出实质贡献的人员拥有著作权。文献的作者应是直接参与文献撰写的全部或部分的主要研究人员；参与过部分工作、对部分研究内容提供指导或协助的人员，不得署名，可在文末致谢，以体现其劳动成果。

二、学术不端行为

笼统来说，学术不端行为是指违反学术道德规范的行为，包括学术造假、抄袭、剽窃和其他违背学术研究良好秩序和氛围的行为。

（一）抄袭、剽窃、侵吞、篡改他人学术研究或成果

在学术研究过程中，抄袭、篡改他人作品等成果，剽窃、篡改他人的学术观点、学术思想、研究结果等，不仅侵害了他人的著作权，影响了自身个人声誉，也造成了学术资源的浪费，同时破坏了学术风气。其中，抄袭是最为常见的学术不端行为。《辞海》中关于抄袭的解释为"窃取别人的文章以为己作"。学术抄袭是指采用他人已形成的研究成果而不加注明，将其作为自己的研究成果的行为。对于"合理使用"的界定，《中华人民共和国著作权法》做了如下规定："为介绍、评论某一作品或者说明某一问题，在作品中适当引用他人已经发表的作品。"因此，不是所有的文字复制都属于抄袭行为，对于是否抄袭，有严格的文字复制比标准来界定，在后文介绍学术不端系统时会进一步说明。

（二）伪造或篡改数据、文献

伪造或篡改数据、文献是指在研究过程中，未真实记录实验数据或实验现象，甚至根据期望得到的研究成果而随意修改、取舍实验数据的现象。

（三）伪造注释

伪造注释是指引用他人成果但不注明出处或未引用他人成果而做虚假引注。

（四）不当署名

不当署名有两种情况：一是未参加研究创作，却在他人学术成果上署名，侵占他人的研究成果；二是未经他人许可，使用他人的署名，以此提高研究成果的价值。

（五）其他违反学术准则、损害学术公正的行为

以上未列举的其他违反学术道德规范的行为，比如一稿多投、重复发表等，只要损害了学术研究的公正性、公平性，就属于学术不端行为。

实例 6-15：硕士学位论文抄袭

2019 年 5 月，经举报后调查发现，中国人民大学劳动人事学院人力资源管理专业 2006 届研究生章某某的硕士学位论文《培训投资回报评估理论研究》全文抄袭华东师范大学教育科学学院职业教育与成人教育研究所职业技术教育学专业 2005 届研究生李某的硕士学位论文《培训投资回报评估理论及其应用》。两篇论文的摘要、正文几乎完全一致，结构高度相似，而参考文献更是一模一样。

三、学术不端检测系统介绍

学术不端检测是审查学术论文是否抄袭的重要手段之一，它主要是审查学术论文与已发表或公开的资料、文献的重复情况，它对有效防止学术不端行为起着重要作用。为有效杜绝和防止学术不端行为，世界各

国采取了许多方法，包括通过电子技术开发学术不端检测系统。近10年来，我国学术不端检测系统不断得到完善，目前已被广泛使用。当前，我国常用的学术不端检测系统有中国知网学术不端文献检测系统、维普论文检测系统、万方文献相似性检测服务系统、PaperPass、大雅相似性分析系统等。在此，以使用最广泛、最具有代表性的检测系统——中国知网学术不端检测系统为例进行介绍。

中国知网学术不端检测系统主要由社科期刊检测系统、科技期刊检测系统、学位论文检测系统等构成，其具有以下几方面的特点和功能。

（一）较为全面的数据对比库及资源范围

中国知网学术不端检测系统以中国学术期刊网络出版总库、中国博士学位论文全文数据库、中国优秀硕士学位论文全文数据库、中国重要会议论文全文数据库、中国重要报纸全文数据库、中国专利全文数据库等为全文对比数据库，基本完整覆盖中文科技学术文献及部分外文文献。数据对比库的完整性是其功能最大化的基础。完整性不仅表现为所比对文献的数量丰富、领域全面，还体现在包含较长的时间范围上，以确保检测结果的准确性和公平性。

（二）全文对比且精准快捷

国外大多的学术检测系统只能进行摘要层次的检测，而中国知网学术不端检测系统支持全文比对，有较高的不端文献分辨力和检测准确率，能较为精准地发现学术不端现象。

（三）支持线上实时检测

依托较高的技术性能，中国知网学术不端检测系统能够支持在线实时检测，检测完成后可在线生成检测报告并下载。

为了更直观、全面、准确地对比和分析文献的重复情况，中国知网学术不端检测系统设置了多项检测指标和数据，多角度反映了文字复制的具体特征，为判断论文作者是否存在学术不端行为提供参考依据。其中，系统主要显示以下几种检测指标：文字复制比、重合字数、总字数、最大段比等，如图 6-11 所示。

图 6-11　中国知网学术不端系统检测指标显示情况示例

根据检测指标提供的数据，从学术不端行为的诊断视角可将检测结果分为以下几类：轻度句子抄袭、句子抄袭、轻度段落抄袭、段落抄袭、整体抄袭，如表 6-7 所示。

表 6-7　学术不端检测标准及类型

重合文字量	总文字复制比	类型
各连续重合文字均＜ 200 字	＜ 10%	轻度句子抄袭
各连续重合文字均＜ 200 字	≥ 10%	句子抄袭
存在连续重合文字≥ 200 字	＜ 30%	轻度段落抄袭
存在连续重合文字≥ 200 字	≥ 30% 且＜ 50%	段落抄袭
存在连续重合文字≥二分之一总字符数	≥ 50%	整体抄袭

参考文献

［1］中图法 [OB/OL].[2020−07−15].https://baike.so.com/doc/6756130−6970718.html.

［2］颜世伟，柴晓娟．文献检索与利用实用教程 [M]. 南京：南京大学出版社 ,2017.

［3］刘泰洪．文献检索与综述实训教程 [M]. 北京：中国人民大学出版社 ,2018.

［4］宫雪．职业教育学科建设中的若干理论问题研究 [D]. 天津：天津大学 ,2010.

［5］闫广芬，陈沛酉．回望百年：中国职业教育学科发展的成就与挑战 [J]. 四川师范大学学报 (社会科学版),2019,46(3):101−107.

［6］王扬南．职业教育科研 2013—2017[M]. 北京：高等教育出版社，2019.

［7］刘晓，徐珍珍．我国现代职业教育理论体系构建的反思与澄明 [J]. 职教论坛 ,2017(16):5−9.

［8］唐林伟．厘清与超越：职业教育学科建设八大关系论 [J]. 职教论坛 ,2011(34):8−11.

［9］米靖，张燕香．民国职业教育译著及其对我国职业教育学科发展的影响 [J]. 职业技术教育 ,2012,33(12):70−73

［10］王继平．职业教育国家教学标准体系建设有关情况 [J]. 中国职

业技术教育 ,2017(25):5-9.

[11] 中国国家标准化管理委员会 . 信息与文献 参考文献著录规则 GB/T 7714—2015[S]. 北京：中国标准出版社，2015：2-12.

[12] 刘钧，才立琴 . 如何写论文 [M]. 北京：机械工业出版社，2020.

[13] 郭倩玲 . 科技论文写作 [M].2 版 . 北京：化学工业出版社，2019.

[14] 徐行 . 学术不端行为及其实时在线检测系统的应用 [J]. 西安航空技术高等专科学校学报 ,2009,27(5):68-72.

[15] 彭分文 , 舒阳晔 . 辩证地看待学术不端检测系统的正负效应 [J]. 邵阳学院学报 (社会科学版),2019,18(6):87-91.

[16] 张广怡 , 王旭彤 . 高校教师学术道德与学风建设研究 [J]. 智库时代 ,2020(12):88-89.

后　记

　　文献检索与综述是职教教师开展科研的一项基础性工作，也是职教教师在申报教科研项目和开展研究的一项基本技能，申报的教科研项目能否入选，与这项工作完成的好坏有密切的关系。一些在教科研工作上卓有成效的老师们深有同感。

　　《职教科研文献检索与综述实例分析》一书旨在以实例分析、操作详解、图文并茂的方式让读者掌握文献检索与综述的基本方法，从而让更多的一线职教教师参与到职教科研工作中来。

　　本书也是一项合作完成的科研成果，成员包括职业院校的老师及职教研究机构人员，其中第一章由浙江省教育科学研究院庄曼丽撰写，第二章由杭州市人民职业学校李培佳撰写，第三章由绍兴市中等专业学校沈兆钧撰写，第四章由浙江工业大学陆宇正撰写，第五章由杭州市西湖职业高级中学梁甘泠撰写，第六章由浙江教育出版社王颖达撰写。同时，由庄曼丽负责全书框架设计和统稿工作。

　　本书的撰写与出版得到多方支持。特别感谢浙江省中华职业教育社宣传教育委员会对本书编写工作的信任和支持，感谢浙江省教育科学研究院领导的指导与帮助，感谢河北科技师范学院职业教育研究院孙芳芳博士、人民教育出版社耿悦编辑、广东技术师范大学教育科学与技术学院硕士研究生何俊萍、四川省眉山职业技术学院赵红老师、杭州市财经职业学校褚磊老师为本书提供了重要案例。

本书也是我们编写小组共同学习和研究的成果，但限于时间，还存在很多不足之处，真挚地希望相关专家学者批评指正。

庄曼丽

2020 年 9 月 30 日